日本国号と天皇号の誕生と展開

再論『漢倭奴国王から日本国天皇へ』

冨谷　至　著

臨川書店

目次

はじめに

第Ⅰ章　第一期　倭奴国王の時代……005
第一節　倭国の認識……007
一　「倭」とは
二　『山海経』と箕子伝説
三　「倭」の字義に関して
四　楽浪海中に倭人あり、分れて百余国を為す、歳時を以て来りて献見す
五　観念の倭と実体の倭
第二節　漢倭奴国王……026
一　出土した光武帝の金印
二　「漢委奴国王」はどう読むのか
三　朝貢の真の意味

第三節　親魏倭王卑弥呼……050
一　陣雲暗し五丈原
二　卑弥呼の朝貢
三　錯誤からの証明
四　親魏倭王となす
五　東海と流沙――東西絶域の二つの国
六『日本書紀』が記す「魏志倭人伝」
第四節　倭の五王の時代……070
一　邪馬台国　その後
二　漢人王朝の終焉
三　東晋義熙九年の倭からの朝貢
四　安東大将軍倭国王――倭の五王
五　複雑な官職名、称号
六　一品官をめざして
七　南朝と北朝の抗争の中で
八　百済と倭の関係を示す二つの資料

第五節　疎遠の六世紀——南朝中華主義の没落……110
一　南朝梁と倭国
二　中華主義への憧憬と観念的倭——職貢図

第Ⅱ章　第二期　新たな交渉の時代へ——遣隋使から遣唐使へ……127

第一節　遣隋使……129
一　最初の使節
二　多利思比孤の国書——煬帝立腹の理由
三　無意識の対等意識
四　『日本書紀』の遣隋使の記載
五　新たな国号と称号へ

第二節　国号日本の成立……162
一　大宝二年の遣唐使
二　明神御宇日本天皇詔旨
三　「禰軍墓誌」

第三節　天皇号の成立……180
一　飛鳥浄御原令とそれ以前の資料
二　天皇号に先立つ称号
三　大王から天皇へ
四　白村江の戦いから壬申の乱
第Ⅲ章　第三期　その後の日本と中国……199
第一節　七〇二年以降の中国の対応……201
一　国号「日本」のその後
二　称号「天皇」のその後
第二節　和音呼称と漢字表記のあいだで……214
一　オオキミからスメラミコトへ
二　倭、日本、ヤマト
第三節　その後の展開――ニホン・テンノウへ……223
一　ニホン、テンノウ

二　漢文訓読
三　ヤマトからニホンへ
結びにかえて――ニホンとニッポン……234
参考文献　242

はじめに

本書は、「京大人文研東方学叢書」の一冊として出版した『漢倭奴国王から日本国天皇へ—国号「日本」と称号「天皇」の誕生』（二〇一八　臨川書店）を修訂し、加筆したものである。「東方学叢書」の拙著がすでに品切れになっており、出版社から増刷を打診された際に、誤りが多かった拙文を修正せねばならず、また加筆したいこともあったので、構成を新たに『日本国号と天皇号の誕生と展開』という書名で上梓することにした。

「日本」「天皇」という我々日本人にとって最も重要な国名、称号が、いつから、どのような経緯で誕生したのか、この問題は決して等閑視されてきたわけではない。これまで多くの研究者が取り組んできた課題であるが、ただ残念なことに説の一致に至ってはいない。したがって義務教育の現場においても、先生がそれをとりあげ教えてはいないだろうし、教科書にもはっきりとは解説してはいない。

いま、私は「多くの研究者《シノロジスト》」といった。しかし、それは日本史を研究している学者といい換えることができ、我が国の中国学者は、この問題にはあまり関心をもたなかったように私には思える。「倭」「倭人」という語をふくめて「日本」「天皇」が中国の漢字で表記された二字であり、またそれは和音を漢字をもってあてた字音仮名ではなく、漢字の本来の意味を有し、対外的に使われる文字表記である以上、また国号、首長の称号というのものが、外交において意味をもつ以上、中国との関係を無視しては考えられない。

しかし、中国学者が取り組んできた研究課題のなかで、日本と中国との関係はあくまで主要な領域ではなく、中国各王朝の政治、制度、思想の考究が研究の王道となってきたことは、否定できない。東夷の研究は、中国学にとっては、周辺国、絶域の研究でしかないとみていたのだろう。日本のシノロジストは無意識のうちに「中華思想」に陥いっていたのかも知れない。

国号「日本」、称号「天皇」については、日本史研究のうえでは論じ尽くされたかも知れない。しかし、中国学の立場からはすこし違った観点を提示することができるのではないか。これが本書執筆の理由であり、また長年中国古代・中世の政治・制度を研究してきた私の反省が本書執筆の動機である。

右は、先の拙著『漢倭奴国王から日本国天皇へ――国号「日本」と称号「天皇」の誕生』の序文であり、本書においても反省は変わってはいない。

旧著の書名に「再論」の二字を冠する副題をもつ本書では、いくつか新しい観点を加えた。

その一つは、旧著は日中関係の第二期、つまり八世紀初頭の国号日本の成立をもって終わったが、それ以後、中国王朝では元、明の時代、日本史では鎌倉、室町時代に至って日本、天皇、王といった称号がどのように両国の外交関係で使われていったのか、つまり第三期も対象として考察した。

二つ目は、古代から近世近代に至る日本と中国の華夷思想の展開、外交関係を「観念的倭」と「実体的倭」という視座を設けて、その展開を跡付けてみた。

第三は、漢字表記と和音呼称に関する考察である。日本列島に漢字が伝来し、それを受容することで「漢字文化圏」に属した日本（倭）にあって、漢語における和音呼称と文字表記のダブルスタンダードを設け、両者を巧みに操作することで日中外交が展開したことをここで考えてみようとしたのである。国文学、国語学の分野はそうではないだろうが、書かれていることの「読解」をめざす文献史学において、要求されるのは、意味の解釈であり、漢語がどのように和音で呼称されたのかはあまり注意されなかったように思える。

ただ、この第三は、中国法制史を専門としてきた私にとって、研究の蓄積がある分野ではなく、本書で言及するのは、まさに学にあるべき謙虚さを無みするとの誹りを受けるであろう。しかし、中国と日本との外交を考えるうえで、この問題を今後議論していただきたいとの願いから、あえて試論を提示することにした次第である。

本書では、一部は旧著での文章表現を転用している。また参考にした先学の研究を、ごく少数の例外を除いて注記せず、巻末の参考文献一覧にまとめて列挙したことをご了解いただきたい。

最後に、本書をもって前著『漢倭奴国王から日本国天皇へ―国号「日本」と称号「天皇」の誕生』の改訂版の役割を持たせ、前著を廃書としたい。

これまでの一連の「京大人文研東方学叢書」の刊行、および拙書の出版に尽力いただいた臨川書店編集部の工藤健太氏に衷心から感謝する。

第Ⅰ章　第一期　倭奴国王の時代

第一節　倭国の認識

一「倭」とは

わが日本国は、最初には「倭」と称され、その地域の居住者が「倭人」と呼ばれていたことは、周知のことであろう。

しかし、「倭」とはどういう意味か。いつ頃から、誰が「倭」「倭人」と呼ぶようになったのか、そしていつどのような理由から、「倭」が「日本」という国名に変わったのか、さらには、日本語としてはどう発音したのか、「ヤマト」「ニホン」「ニッポン」……？　この事に関しては、日本人の多くが知悉しているわけではない。また、今日、日本国の象徴と位置付けられている「天皇」という称号、それがどのような経緯をもって生まれたのか、わが国の根幹でもあるこれらの問題に関して、実は日本古代史においても、必ずしも説が一致しているとは言えない。

考えてみれば、国の名称、元首の称号といったものは、国内においては、「わが国」「自国」「殿下」「君」などで事足り、個別の国名、君主を意味する特別な名称は不要とも言える。固有の名称が必要とされるのは、対外関係においてであり、外国に向けて出される公式文書に発信者の国名、称号を書かねばならず、また相手国の名称と、首長を明記せねばならないことから生じる。つまり、国名、称号の成立は、国と国の相対的関係のなかで形作られていくと言ってもよいだろう。

二 『山海経』と箕子伝説

「倭」という名が確認できる最も古いとされる中国の文献史料は、『山海経《せんがいきょう》』という書である。

蓋《がい》国、鉅燕《きょえん》の南、倭の北にあり。倭は燕に属す。　『山海経』海内北経

『山海経』は荒唐無稽な神話からなる地理書であり、ここにいう「蓋国」、「倭」が実在の地域名を記したとは言えない。しかし、蓋国を漢が置いた朝鮮半島の玄菟《げんと》郡に属する県（西蓋馬県）を意識したものとすれば、「倭」は朝鮮半島の南に位置する地域を指していることになる。

『山海経』がいつ書として成立したのか、最古の部分「五蔵山経」は戦国時代（前五世紀―前三世紀）であるが、以後、段階的に追加され「海内経」「海外経」の成書は、それよりも時代が降ると考えられている。前漢末、劉歆《りゅうきん》（前三二―二三）が校訂して一八巻にまとめたが、段階的に追加されたときに生じた混乱からか、脱落、錯簡が多く、特に海内・海外四経に錯綜が目につき、問題の倭に関する記述も例外ではない。

右に引用した如く、『山海経』海内北経に倭が記されているが、『山海経』海内東経に、「鉅燕在

東北阪（鉅燕は東北の阪《すみ》に在り）」との条文があり、文脈からはそれに続いて先の「海内北経」の一文「蓋国在鉅燕南、倭北。倭属燕」が位置すべきもので、ここに錯簡が生じていると指摘されている（呉承志《ごしょうし》『山海経地理今釈』、郝懿行《かくいこう》『山海経箋疏』）。

加えて、海内・海外経には、架空の地名だけではなく、「匈奴《きょうど》」「月氏《げっし》」、さらには「燕」「蓋」など漢以降その実在がはっきりする称謂が目につく。憶測の域を出ないが、漢以降、劉歆が編纂するまでの間に、すでに錯簡が生じており、記述の乱れを整理する段階での付加などにより、「倭」の記事も朝鮮半島の南にあったと加筆されたのではないだろうか。

いったい、なぜ倭でなければならなかったのか、『山海経』で倭が登場する必然性はどこにあったのだろうか。それは「燕」「朝鮮半島」その南の「倭」という構図がどうして出てきたのかに関係する。

ここに一つの言い伝えがある。

「酒池肉林」、「炮烙《ほうらく》の刑」で悪名をはせ、殷の滅亡を招いた暴君紂王《ちゅうおう》は、叔父である賢者箕子《きし》の諫言に耳を傾けようとはしなかった。『漢書』地理志は、身を狂人に窶《やつ》して難をのがれた箕子が朝鮮に亡命したと記し、『史記』周本紀、宋微子《びし》世家は、箕子は紂王に幽閉されたが殷滅亡後、周武王に「天地の大法（洪範《こうはん》）」を教授し、武王は彼を朝鮮に封建し独立を認めたと伝える。いわゆる箕子朝鮮に関する経緯には、伝説から生じる相違が見られるが、箕子の伝説は、彼個人が有徳であったことに止まらず、朝鮮半島における彼の治績へとその評価が広がっていった。箕子の没後、「かの地は次第に風紀が乱れたが、彼の遺風はその地に残っていた。西戎、北狄、南蛮とは異なり、人々は柔順であり、孔子が「海に筏《いかだ》を浮かべて、九夷に住みたい」といったのも、理解できる」と。

以上は朝鮮半島の地理を説く『漢書』地理志の記載であるが、この原文は後に改めて引用しよう。

箕子朝鮮にかんする伝説、それは、武帝が朝鮮四郡を設置し、また儒学を王朝の正当な学として位置づけ、『尚書』洪範が学官で学ぶべき書となった頃にできあがったのではないかと考えてよいかもしれない。

「楽浪海中に倭人あり」という教科書に必ず取り挙げられている条文、つまり中国史料に倭が初見するとされる一条は、右に引用した『漢書』地理志に登場するのだが、ここは、もうしばらく『山海経』、箕子伝説に関して頁を割かねばならない。まだ「倭」との関係に言及していないのだから。

三　「倭」の字義に関して

神話地理書『山海経』に見える「倭」は、その存在が架空であるにしろ、燕に属す地域、もしくは国名として挙がっている。いったい「倭」という語の字義はなにか。

「倭」の字は甲骨、金文には確認されていないが、「禾」と「女」を構成要素とする「委」字は、甲骨文では、くねくねと身体を曲げた女性の象形と考えられている（白川静『字統』）、後漢西暦一〇〇年に許慎《きょしん》によって編纂された『説文解字《せつもんかいじ》』には「倭とは、順なる児（貌）」（八編上）とあり、段玉裁《だんぎょくさい》は、それに「倭は委と義は略《ほ》ぼ同じ。委は随なり。随は従なり」と解説を施し、また朱《しゅ》駿声《しゅんせい》『説文通訓定声』も「倭」については「委」声を共通する同列文字の一つとしてあげる。「委（柔軟）な人」として人偏の「倭」が「委」と同音同義であることに疑問の余地は見つからない。

「倭」（カールグレーン推定中古音：ʔ-jwię、王力推定音：O-ĭwe）と「委」（カールグレーン推定中古音　ʔ-jwię　王力推定音　O-ĭwe）は、中古音において同じ音とされている。また、宋本『毛詩』小雅・四牡「四牡騑騑、周道倭遅（四頭だての馬車は休むことなく、周への道はくねくねと）」の「倭遅」を「委遅」につくる本があり（『経典釈文』）、『毛詩』鄘風《ようふう》・干旄《かんぼう》の孔穎達《くえいたつ》疏が引用する「四牡」の当該部分は、「周道委遅」となっている。なお、「倭」が「矮」に通じ、「小さい」「取るに足らない」という意味だとか、「醜悪」という意味であるとの解説もあるが、「倭」と「矮」は音が異なるとともに、二つの字が通用する例は見つからない。

燕の南に位置する朝鮮半島、そこに国を開き民政に尽力した殷の聖賢箕子、それによって柔順な人たちが生まれた風土、そういった一連の箕子伝説が、神話地理書『山海経』海内東経「鉅燕は東北の陬に在り。［蓋国、鉅燕の南、倭の北にあり。倭は燕に属す。］」の伏流となっているといえよう。かかる伏流が表面に現れたのが、歴史地理書『漢書』地理志の条文であった。ここに、原文を訓読して引用しよう。

玄菟《げんと》、楽浪《らくろう》は武帝の時に置く。皆な朝鮮濊貉《わいばく》、句驪の蛮夷なり。殷道の衰えるや、箕子は去りて朝鮮に之《ゆ》く。其の民を教えるに礼義、田蚕、織作を以てす。（中略）郡は初め吏を遼東《りょうとう》より取る。吏、民の閉臧するなきを見、及び賈人の往く者、夜に則ち盗を為し、俗は稍《ようや》く益す薄し。今ま禁を犯すこと寖《ようや》く多きに於いて、六十余条に至る。貴ぶ可きかな、仁賢の化なり。

然れども東夷は天性、柔順にして、三方の外と異なる。故に孔子は道の行われざるを悼《いた》みて、浮《いかだ》を海に設けて、九夷に居らんと欲す、以《ゆえ》あるかな。

楽浪海中に倭人あり、分れて百余国を為す、歳時を以て来りて献見すと云う。

「箕子」→「人民の教化」→「柔順」→「倭」の水脈が右の条文に明確に示されており、それを受けて「楽浪海中の倭人」が登場する。

四　楽浪海中に倭人あり、分れて百余国を為す、歳時を以て来りて献見す

高校教科書、一般の概説書は、『漢書』地理志のこの条文が、倭、倭人についての最初の中国史料とする。空想的神話ではなく歴史書として定評がある『漢書』の記載を「倭人」の初出史料におくことには、全く異論はない。

ただ、注意しておかねばならないのは、これは、あくまで中国側が、朝鮮半島の南に存在する地域もしくは集団に「倭」「倭人」といった称謂を与えたに過ぎず、集団を形成する居住者がそのような名称を創作したのではないということである。そこから、これまであまり取り挙げられなかった以下の問題が出来する。

①『漢書』地理志の倭人の記載はいつの段階のものか。
②「倭人」とは、どの地域の人々を指すのか。
③『漢書』地理志が記す内容は、どこまで事実か。
④なぜ、孔子の記載がここに挿入されているのか。またその影響。
⑤「東夷」の概念。

①について。

漢の武帝は朝鮮半島を漢の領土とし、そこに四つの郡を置いた（図1）。最も北に玄菟《げんと》郡が、その南に楽浪郡、東に臨屯《りんとん》郡が位置し、最も南には真番《しんばん》郡が置かれたのである。武帝元封三年（前一

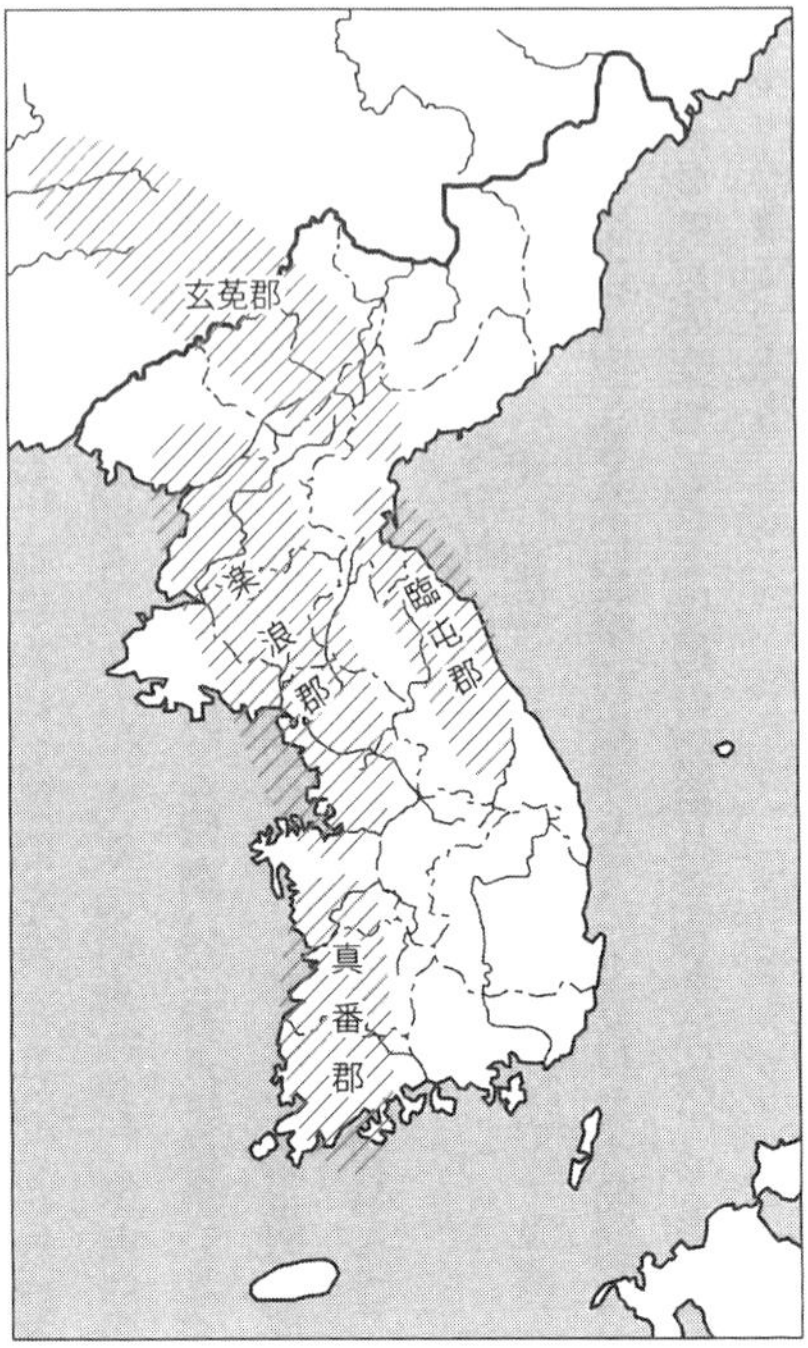

図1　武帝期の朝鮮四郡
（真番郡は東南部に置かれたとの説もある）

〇八）から四年（前一〇七）にかけてのことである。

四郡の配置からすれば、海峡をはさんで日本列島と向かい合うのは、真番郡である。ならば、地理志は「真番海中に倭人あり」と記すのが正しい。にもかかわらず、「楽浪海中」とあるのは、どうしてなのか。

実は、朝鮮四郡のうち、真番、臨屯は昭帝始元五年（前八二）に廃止され、玄菟郡は北の遼東半島に移され、現在の平壌に郡治所をおく楽浪郡が朝鮮半島における漢の領土の最も南に位置する郡となったのである。

この行政上の経緯をふまえると、「楽浪海中に倭人あり」は、始元五年（前八二）以後の漢の統治を想定した記載ということになろう。

さらにいま一つの事実を加えよう。それは、『漢書』地理志が解説する前漢の行政制度はいつの時点を述べたのかであり、これに関しては、前漢平帝元始二年（後二）段階の戸口統計・行政区画に基づき編纂したと、班固《はんこ》（三二－九二）自身が地理志「京兆尹」の条で明言している。「楽浪海中に倭人あり」という記事がいつの時期の認識かといえば、前八〇年から後二年の八十年間に絞られ、この時期に漢帝国が倭人の存在の情報を得たということになろう。倭、倭人の中国史上における登場は、前漢時代最末期であった。

②について。

「分れて百余国を為す、歳時を以て来りて献見すと云う」。

この条文から我々は、どこまでの事実が抽出できるのか。また漢人が認識している「楽浪海中の倭人」とは、どの地域の人間と集団なのであろうか。

時代が降るが三世紀末の著作である魚豢《ぎょかん》撰『魏略《ぎりゃく》』は、倭に関してつぎのように記している。

倭は帯方東南の大海の中に在り、山島に依りて国を為す。海を渡ること千里、復た国あり。皆な倭の種なり。（『漢書』地理志　顔師古注所引『魏略』）

陳寿《ちんじゅ》『三国志』魏書・東夷伝・倭人（以下、一般に馴染んでいる「魏志倭人伝」と略称する）は、この『魏略』と『漢書』地理志を踏まえて、かく説明する。

倭人は帯方東南の大海の中に在り、山島に依りて国邑を為す。旧《も》と百余国あり。

いま注目したいのは、『魏略』がいう倭人は、帯方郡（二〇四年以後に公孫康《こうそんこう》が設置し、その後、曹魏に属す）東南に位置する海の島嶼に居り、また海（対馬海峡西水道）の向こうにも同じく倭人が居住しているということである。つまり、三世紀から四世紀の後漢から三国の時代にかけて、日本列島に限ることなく、朝鮮半島の南、現在の韓国の南の島嶼部に居住していた人々も倭人と見なしていたのである。

『魏略』が敢えて「帯方東南大海中」と半島の先としたのは、その時代にすでに朝鮮半島の南部に三韓（辰韓、馬韓、弁韓）の韓人が存在していたことより、倭人はその南に配置されたと思えるが、『漢書』地理志の時代には、韓、韓人は史書には登場しない。とすれば、地理志「楽浪海中」は、楽浪郡の半島南部から多島海およびその先という、つまり箕子によるかつての教化が及んだ、柔順な人々が居住する夷狄を漠然と「倭」と呼んだのではないだろうか。しかし、これ以上、史料で実証することは難しく、あくまで憶測の域を越えない。

③について。

『漢書』地理志の「分かれて百余国」に関して。この「百」は、もとより実数ではなく、「数多くの国」ということだが、ここの「国」は今日の国家nation、とは全く異なり、春秋戦国期から「邑《ゆう》」「国邑」とも称される一種の聚落と言ってもよい。広さは大小一定しないが、一キロから四キロ四方の城壁に囲まれた居住空間をもち、周辺に三、四十キロ四方の耕作地、狩猟地が広がり、その土地も「邑」もしくは「国邑」の領域に含まれていた。時代が降るごとに、中原の諸侯国はいくつかの国邑を併合し、いわゆる「領域国家」「統一帝国」の誕生へと展開するのだが、漢帝国の周辺地域においては、いまだ多くの異民族聚落が点在する状態、それが「分かれて百余国を為す」状態であった。

倭人の記事と同じころ、西方タリム盆地にも国邑が点在し、その一つ鄯善《ぜんぜん》国（楼蘭《ろうらん》）は、戸数一五七〇、人口一万四一〇〇であった（『漢書』西域伝）。スウェーデンの探検家スウェン・ヘディンが発見した楼蘭遺址（LA）――一辺が約三二〇メートル四方、高さ一・五メートルの城壁で囲まれた城郭都市遺址――、それが果たして鄯善国に当たるかどうか、私は疑問に思うが、かりに他の場所に鄯善国が存在していたとしても、このLA遺址と規模のうえでさほどの違いはなかったと言ってよい。また、鄯善国は他の西域諸国のなかでも大きな国邑といえ、その西の且末《しょまつ》国（チェルチェン）は二三〇戸、人口一六一〇、小宛《しょうえん》国に至っては、一五〇戸、人口一〇五〇の小国邑であった（『漢書』西域伝）。自然、政治的環境の相違はあったとしても、漢帝国が同じ国・国邑との名称を付与した朝鮮半島南の「国」も、これと大同小異であったと考えたい。

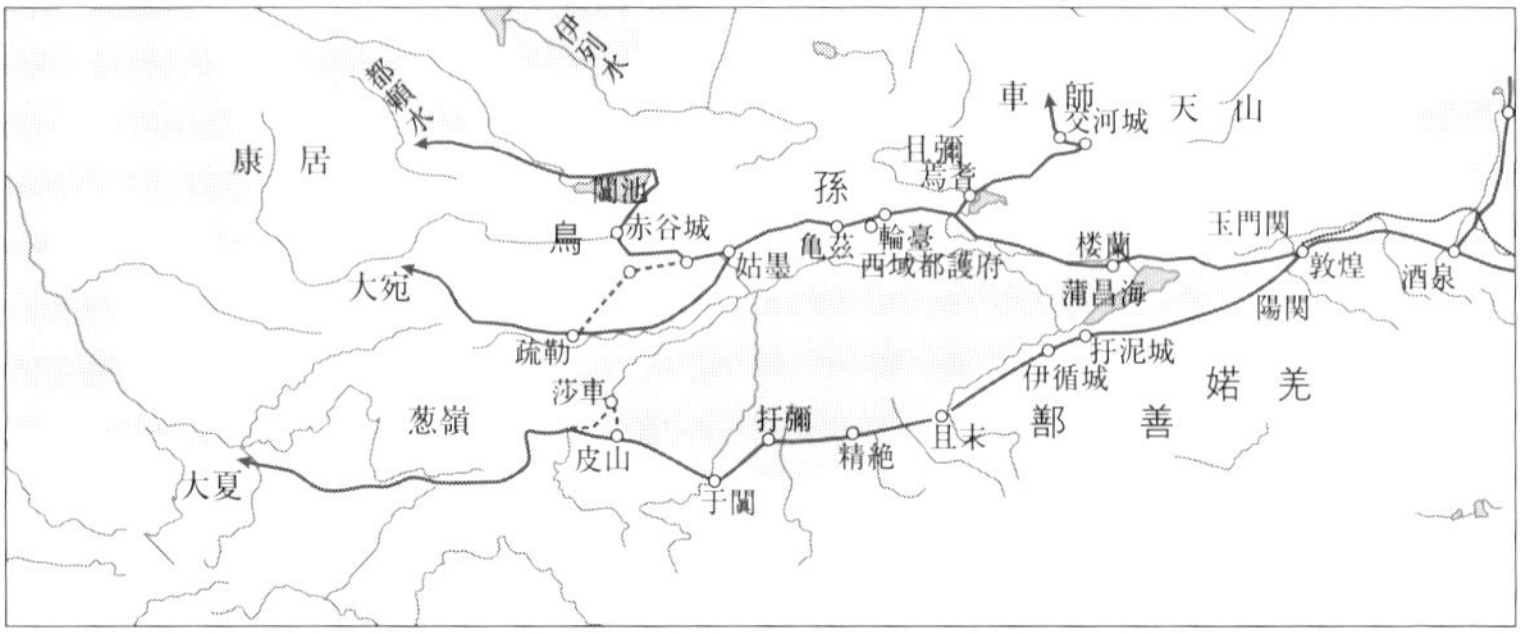

図２　BC ２世紀から BC ３世紀頃の西域

ただ、一つの違いは、「分かれて百余国を為す」という倭人の国に、西域諸国のように漢帝国が個別の国名を与えていた、もしくは国々が個別の名称を持っていたのかといえば、私はそれには否定的である。百余国は、いまだ文字を有してはおらず、また自国の国名がどれほど必要であったのかは怪しいものである。漢字名称を必要としたは、むしろ漢帝国であり、漢が個別の名称を与えていたなら、西域伝と同じく「某某国」と紹介したに相違ない。

「前漢末前八〇年から後二年ごろ、楽浪郡治の南、さらに海を隔てた島には、「倭人」と呼ばれる人々が居住しており、折々に、漢に献上品をもってきて好みを結んでいたということだ」、これが「楽浪海中に倭人あり、分れて百余国を為す、歳時を以て来りて献見すと云う」の解釈に他ならない。

『漢書』が記す西域の諸国と楽浪海中の倭国の記載の詳細を比べると、同じ国邑であっても、一方は各国邑の戸数、人口さらには兵士の人数などが実数をもって記されているのに対して、東夷の倭は戸口の数はおろか個別の国名も存在しない。なぜこのような相違が生じたのか、それはやはり武帝期の対匈奴戦略に由るといえよう。西域の情報は月氏にむけて派遣された張騫《ちょうけん》がもたらしたもので、またその後も李広利《りこうり》の大宛《だいえん》遠征をはじめとして、漢は西域の軍事的経営に熱心であり、ことがらは、前六〇年の亀茲《きじ》西域都護設置へとつながる。対して、朝鮮半島に関しては、すでに述べたように昭帝の時代には、臨屯と真番郡を撤収するなど、漢は必ずしもその経営に執着しない。軍事的環境、さらには馬をはじめとする交易の相違が西と東の情報量の差を生じせしめたと考えられる。

④について――海の向こうに憧れた孔子

『漢書』地理志の倭人についての記事に関して、もう一つ取り挙げたいことがある。それは、「楽浪海中に倭人あり」に先立つ「孔子、道の行われざるを悼み、浮を海に設けて、九夷に居らんと欲す、以あるかな」の条文である。

これは『論語』公冶長《こうやちょう》篇と子罕《しかん》篇を合わせて一連の条文にしたものであり、本来は、何の関係もない二条である。

i『論語』公冶長「子曰く、道、行われず、桴《いかだ》に乗りて海に浮かばん。我に従う者は、其れ由《ゆう》か。子路《しろ》、之を聞きて喜ぶ。子曰く、由や、勇を好むこと我に過ぐるも、材を取る所なし。」

ii『論語』子罕「子、九夷に居らんと欲す。或ひと曰く。陋《いや》しきこと、之を如何せん。子曰く、君子、之に居らば、何ぞ陋しきこと、之れ有らん。」

なぜ、『漢書』地理志は、『論語』の異なる二つの条文を一つにしてここに引用しているのだろうか。

それは、「海」「九夷」が孔子と東方世界を結びつける鍵詞《キーワード》となっているからであり、時代をおって、孔子は東方世界に憧れたという説がまことしやかに語られ、関係のなかった二つの条文があたかも関連性のあるものとして一つにまとめられたのである。『漢書』地理志に付けられた顔師古《がんしこ》（五八一－六四五）の注釈では、孔子が東夷に行こうとした、そこでは道義を遂行することができるからだと、明言している。

いったい、『論語』公冶長の条文は、孔子が道理の通らない世の中を嘆き、「海の向こうにでも行こうか、その時ついいてきてくれるのは子路かな」といい、それに子路が喜んで反応したという内容である。孔子と子路の問答の口吻からすれば、冗談交じりの軽い会話ととるべきであり、孔子が東方世界、東夷を強く意識しているわけでは決してない。「どこか遠い、未知の世界に行ってみようかな？」、これが孔子のふと漏らした冗談とも本気ともつかない感想である。

一方、iiは、孔子が「九夷」に居住しようかと言ったことを受けて、そこは大変な非文明の地であると或る者が言い、君子が居るところは、非文明が文明へと変わるのだと孔子が反論するといった内容の条文である。文意は君子の教化を述べるのが主眼で、孔子が夷狄の地に憧れたと言っているのではない。

加えて、言うところの「九夷」が東方の夷狄という意味なのかは、甚だ疑わしい。少なくとも『論語』に見える「夷」は、異民族全体を指しており、「九夷」という語は、「九死一生」「九牛一毛」に同じく複数の、多くのという意味をもつ「九」が「夷」に接頭した二字で、多くの異民族、周辺の複数の異民族、という意味でしかない。

やがて、それが四方の異民族の名称に夷、狄《てき》、戎《じゅう》、蛮《ばん》といった区別が付けられるようになっていき、「東夷・北狄・西戎・南蛮」、「九夷・八狄・七戎・六蛮」といった二字の熟語名称が確立する。

「なぜ孔子の記載がここに挿入されているのか」という④の自問は、つぎの⑤「東夷の概念」と密接に関係する。

⑤について――東夷の概念

「中国」――「諸夏」とも言う――なる語は、もともと、中心的存在である国という意味であった。やがてそれが中心的領域、支配の中心、中原を指す語に拡大していくのだが、城壁をそなえる国邑の外には、山林、原野が存在し、定住の如何を問わず、国人とは異なる生活環境を有する野の集団――野人――が居住しており、彼らは「夷」「狄」「戎」「蛮」（総称して夷狄とする）などと呼ばれたことは、周の時代の青銅器の刻文、『春秋』左氏伝などの文献史料で確認される。

かかる夷狄は、のちの時代に登場する長城の外に存在する遊牧異民族とは異なり、中原一帯において、多くの国邑と隣接しあって居住していたこと、さらには、夷狄は周王に「四方の積」を貢ぐことで周の統治に組み込まれていたこと、そして初めは、後に優劣の評価がそこに付与された中華と夷狄という概念を有しておらず、単なる居住地域・存在形態の区分を示すに止まっていたことをここでまず言っておこう。

時代が春秋、戦国と降るにつれて、両者の区別は平面的な相違から等差、上下関係をもつ価値付けへと変化していく。変化は、区別がやがて差別へと展開するという普遍的現象からして、自然の成り行きであったともいえるが、西周から春秋時代、戦国時代の社会の混乱が中華と夷狄の横系列の類別を縦系列の差別に変える増幅器として作用したのである。

西周時代には、中原一帯には大小を合わせると万単位で存在していたとされる国邑を、強大な国邑、つまり有力な諸侯国がその傘下におき、領域国家へと変化していくに従い、夷狄は、一部は中華の中に吸収されていき、また一部は、中原から離れ北に移っていったと考えられる。混在から分際へという趨勢が中華と夷狄の対立関係をいっそう鮮明にしたわけだが、春秋、戦国期における中華社会の混乱と無秩序が進行するなかで、あるべき社会、政治、そして人間としての行動への理想が、その反対概念としての夷狄を設定していった。整然たる礼的秩序をもつ中華と、無秩序な野卑な禽獣に等しい夷狄という。

君主をいただく夷狄であっても、君主がいない中華に及ばない。
『論語』八佾《はちいつ》

中国に君臨して、夷狄を懐柔する。
『孟子』梁恵王上

中国（中華）に対立するこの「夷狄」は、「異民族」という種族としての意味は希薄であり、両者の区別は、文明化の程度、相対的価値観に基づくが故、非文明の野蛮から、文明の中華への移行は教化によって成し遂げられると同時に、逆に中華から夷狄への転落も論理の必然として想定されることになる。

春秋戦国期の華夷思想は、このような観念的なものであった。やがて「東夷・北狄・西戎・南蛮」という方位によって区分される表現となっていく。地理的、実在的な夷狄に他ならないが、その成立は、中華が支配する領域の四方に異民族が位置するという地理的構図ができる秦漢統一帝国の成立を待たねばならない。

帝国の内と外にかんする用語として、「四海」「天下」がある。

「四海」とは、いうまでもなく四つの海、「四海の内」とは、その海に囲まれた空間、領域であるが、これは、世界、天下という意味で多くの文献に登場する。『論語』顔淵《がんえん》に「四海の内、皆な兄弟」とあるのは、その一つの例である。

四方に海をもっているわけではない中国にあって、どうして「四海」という語がでてくるのか。それは、中国古代世界において「海」は「晦」「暗黒」に通じ、海の暗黒さは、そこから未知の世界、不可知の世界、神秘的な世界といった想像を招来し、中国の外側には、未知の世界、四晦＝四海が存在していると考えられていたことが背景にある。未知の世界は、つまり理解できない世界でもあり、それはとりもなおさず、文明の中華の外、未知の野蛮な領域へと認識が広がっていく。

「どこか遠い、未知の世界に行ってみようかな。――道、行われず、桴に乗りて海に浮かばん――」。孔子がふと漏らしたこの言葉は、かかる、海の向こうの未知の世界への志向を記したに過ぎなかったのだ。『漢書』地理志は、『論語』の中の異なる二つの条文を一つにして、箕子伝説の締めとするとともに、次に説明する海の向こうの未知の非文明の世界への導入としたのである。これが、なぜここに孔子の言葉が引用されているのかの理由だとしたい。それがやがて、孔子は東方・東夷に興味があったというまことしやかな、しかし的外れな解釈が後世の注釈のなかに少なからず見られるようになる。

はじめは中国の外の暗黒の未知の世界という概念をもつこの「四海」が、東海、西海、北海、南海と実際の海や湖を想定した地理的概念を有する語にかわっていく、その変化は、「四夷」と同じだと指摘して、話を「楽浪海中に倭人あり」にもどそう。

五　観念の倭と実体の倭

『漢書』地理志に記された倭人の情報は、前漢の末期前八〇年から後二年の段階での知識に基づくものであった。朝鮮半島の南部から島嶼、さらには海を越えた地域には、箕子の教化を受け柔順な夷狄が存在し、その人々を倭人と中国では呼んでいた。地理志は孔子の言葉を引用し、「楽浪海中の倭人」の導入としているが、そこには、非文明の未知なる世界である「海」が意識され、「浮を海に設けて」の「海」が「楽浪の向こうの海中」につながっていく。

東夷をふくめた夷狄の概念は、漢帝国になって四海の外に位置する異民族といった地理的かつ実在的存在に近づいていくが、しかしながらそれに先立つ観念的概念、つまり礼的秩序のもとの文明社会である中華と、非文明、野蛮な夷狄の相対的価値に依拠した東夷観が払拭されたわけではない。箕子伝説、導入の孔子の言葉などはそれを如実に物語っている。否、むしろこう考えるべきであろう。春秋戦国期から続く観念的華夷と漢帝国における地理的四夷が融合して四夷概念の複合的二面性を創成した、と。かかる複合的二面性は、漢帝国においてだけではなく、その後の三国魏、南北朝、そして隋唐へと絶えることはなかった。

倭に関していえば、私は、ここに「観念的倭」と「実体的倭」の二つの異なる概念を提示することにしたい。

第二節　漢倭奴国王

一　出土した光武帝の金印

班固が『漢書』を編纂したのは、紀元後八〇年あたりである。その前、彼の生存中に、『漢書』地理志の倭人に関する叙述に影響を与えた重要なことがらが起こった。それは、光武帝中元二年（五七）に倭国が後漢に奉献し、光武帝が金印を賜与したという事実である。

東海の果ての、暗黒の未知の世界からの朝貢、前漢から後漢にかけて、「四夷」の位置関係と用語（東夷・西戎・南蛮・北狄）が定着していった時期に「楽浪海中の倭人」は、いっそう具体的に取り挙げられ、また朝貢という中華世界への「柔順さ」を実証したのである。

倭国の朝貢と光武帝が金印を賜与したことは、『後漢書』光武帝紀、東夷伝などの史料に見えるのだが、史料の分析は後に回すとして、光武帝が下したかもしれない印、それが一七〇〇年ほど経った江戸時代末期になって忽然と姿を現す。日本人の多くが知っており、また中高校の歴史の時間で必ず習う志賀島発見の金印「漢委奴国王」に他ならない。

金印は、天明四年（一七八四）四月十二日　筑前国那珂《なか》郡志賀島《しかのしま》（現在の福岡市東区）で黒田藩の甚兵衛《じんべえ》という農民が見つけたという。

——所有地の叶《か》の崎というところの田地境界の中溝が水の流れが悪かったので、岸を切り落としていたら、小石が徐々にでてきて、やがて二人で抱えるほどの石が現れた。この石をかなてこで取り除いたら、石の間に光るものがあり、それを取り挙げて水で濯《すす》いだところ金印のようなものであった。

（「甚兵衛口上書」）

志賀島には、今日、金印公園があり、そこに金印発見の記念碑が立っているが、実際にその場所から出土したのか、そこが「叶の埼」（口上書にはそうあるが、別の記録（『筑前国続風土記付録』、一七八四年に藩命により作成）には、「叶の浜」とある）なのかは定かでない。場所は、志賀島のどこかであったとして、なぜそこから金印が出土したのか、破棄、紛失、隠匿、支石墳墓副葬、祭祀供物などの説が出されてきたが、これもはっきりしない。

いったい、発見された金印は真物なのか。また『後漢書』等の史料に見える中元元年の印綬のことなのか。印の真贋に関しては、江戸期より今日まで多くの学者が論じてきた問題であった。贋物と考えられたのは、史書に記されている印が一七〇〇年の後に突如姿を現したその信じられない偶

図３　志賀島金印

然性が根柢にあるのだが、より実証的な根拠としては、異民族に与えた印として、志賀島出土金印のような印綬を通す部分が蛇の形をした蛇紐《だちゅう》の例がみられなかったことが真物性を否定すると指摘されてきた。しかし、一九五九年に雲南省石寨《せきさい》山出土の金印「滇王《てんおう》之印」——漢武帝が元封二年（前一〇九）に滇国（雲南省）の王に与えた——がすでに金印蛇紐の印であることで、疑問は解消し、さらに一九八一年江蘇省揚州出土の後漢初期の金印（亀紐）「広陵《こうりょう》王璽《おうじ》」が「漢委奴国王」の書体と極めてよく似ていることと、蛇紐と亀紐の部分の魚子《ななこ》が同一技法と思われることで、金印の信憑性を一層確信させるにいたったのである。特に魚子文様の類似性は、金印が贋物であったとすれば、贋造者は、どこから後漢に行われていた魚子文様の知識を得ることができたのか、説明ができない。広陵王璽の存在は知らなかったのだから。

【金印は光武帝が賜与した印か】

志賀島出土の金印が、本当に文献史料に記されている光武帝が

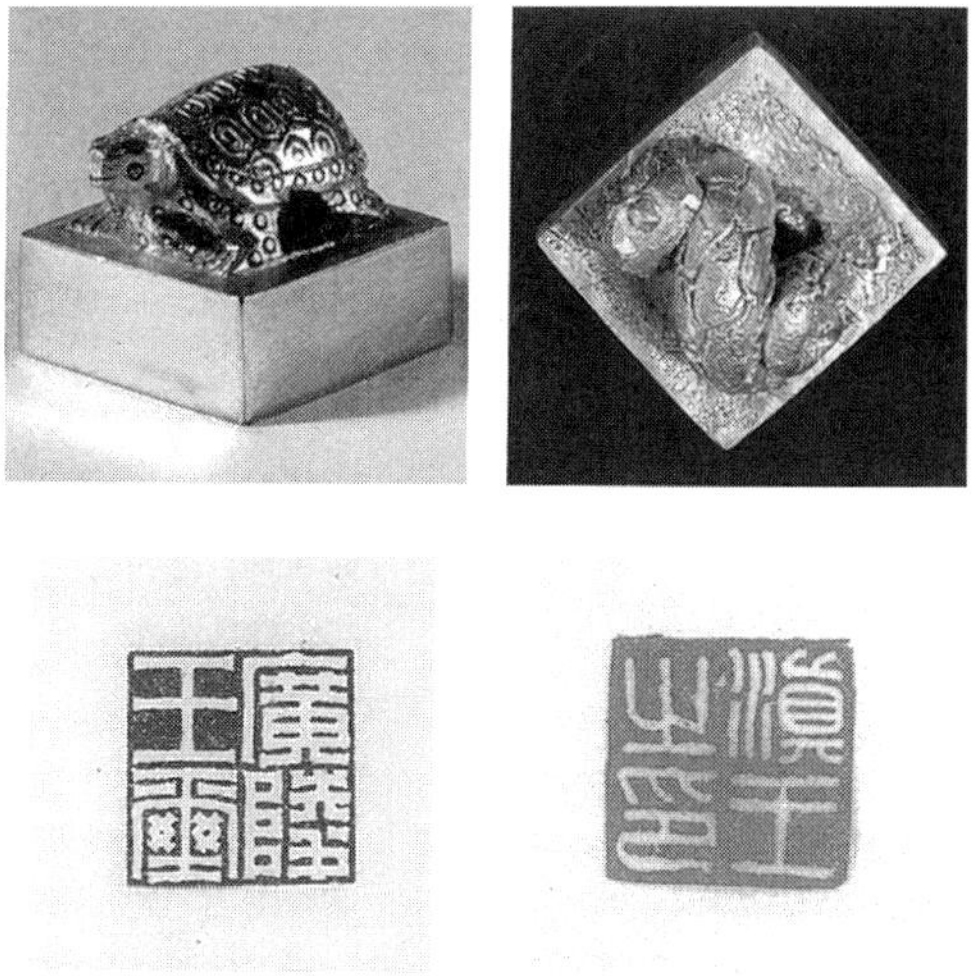

図４　左：広陵王璽、右：滇王之印

倭奴国に賜与した印紐と同一なのだろうか。私は同一だと考えるが、そう結論付けるには、踏むべき考証を経なければならない。

志賀島発見金印は、「漢委奴国」と刻字されており、文献史料では「漢倭奴国」と記されている。「委」と「倭」の文字の相違は、意味が異なるということで「委奴国」と「倭奴国」は同じ国ではない、という意見も出されてきた。ただ、漢字においては、音通が同じ意味を共有することは、周知のことであり、「委」と「倭」が同音同義であることは、すでに詳述し、また「委遅」を「倭遅」に作るテキストの存在もそこで示した。

「倭奴国」を「委奴国」と刻したこと――それは印面に刻する際の字形の均衡を考慮したのかもしれないが――は疑問を挟む余地はない。

「漢委奴国王」が後漢中元二年（五七）に賜与されたものであることを物語る今一つの証拠は、先にあげた「広陵王璽」との関係である。広陵王とは、光武帝の十一子のひとり広陵思王荊《しおうけい》であり、彼は、明帝永平元年（五八）に広陵王となり、都洛陽から六〇〇キロほど東の広陵国に赴任する。字形、装飾が極めて類似する二つの印は、同じ時期に都の工房で製造された可能性が極めて高い。

以上のことから、金印「漢委奴国王」は『後漢書』に記された光武帝が倭奴国に賜与した印と考えて差し支えないであろう。

なお、この印は文字の部分が彫り込まれている陰刻の印であり、今日では一般的となっている文字の部分がレリーフ状の陽刻印ではないことを言い添えておきたい。それは当時の書写材料であった簡牘（木簡や竹簡）を用いた文書伝達の方法と密接に関連をもつ。つまり、簡牘に書かれた文書を送達する際に、封緘《ふうかん》の役割をする「封検《ふうけん》」という木の札、その一部に凹みをいれて、粘土をつめて陰刻の印を押すと文字の部分が浮かび上がる。書写材料がやがて紙に移行されると、粘土に押す印から紙に押す印に変わり、印文部に朱肉が付く陽刻の印が登場することとなる。

印は皇帝を頂点とした中央集権制のもとで官人、官署がその職務を文書でもって遂行する文書行政に必要不可欠なものであり、役人はそれぞれの職位に応じた印綬を皇帝から与えられる。ならば、「漢委奴国王」印は、かかる実用の印であったのか。倭国ではすでに漢字が普及し、文書による政治が行われていたのか。金印を下賜したのは、統属国とみなして、上奏文、朝貢品の封印に使用する事を意図するとの説も出されてきた。しかし、その可能性は限りなくゼロにちかい。文書行政を遂行するには、漢字に精通していることはもとより、文書伝達のシステムと共通した文書様式が整っていなければならない。賜与された漢委奴国王が印文を解読でき、その意味を理解できたのかもはなはだ怪しく、漢字を用いた上奏文が書けるという識字環境が整っていたとは思えない。そもそも、印がいったいどのように使用されるのかも分かっていなかったのだと私は思う。

近年、福岡県三雲遺跡、佐賀県中原《なかばる》遺跡など北九州を中心に石製硯が発見され、三世紀以前の弥生時代にすでに日本列島では文字の使用が存在していたとの説も出されている。

ただ、絵文字段階において硯は使用されていた可能性が高く、加えて、疑似的漢字ともいえる図像文字が確認される三重県貝蔵《かいぞう》遺跡（三世紀）出土の墨書土器などを勘案すれば、硯の発見が直接に文字（漢字）の使用、および文章の作成、さらには文書行政につながることを証明するものではない。

では「漢委奴国王」印は何のためのものだったのか。「印とは信なり」と、漢代の字書『釈名《しゃくみょう》』（釈書契《しょけい》）には解説されている。『釈名』は直接には封印について説明しているのだが、「信」とは「信験（証明、証拠）」のこと、それは印を下す皇帝の威信と信任の象徴という意味に広がる。「漢委奴国王」についていえば、光武帝が委奴国王という称号を与え、漢帝国の配下に組み入れた一種の「信任状」であり、称号を与える中国皇帝の威信の象徴を意味したのである。

また一方の受け取る側も中華の皇帝から称号を与えられたということで、周辺の部族、国邑に対して誇示すべき権威を担保するものとなる。それが異民族に賜与された印であった。「漢委奴国王」の印も例外ではない。ではそこに刻まれた印文五字の読みは如何。

二 「漢委奴国王」はどう読むのか

日本史家の大半、そして学校の教科書は、印文を「漢の委《わ》(倭)の奴《な》の国王《こくおう》」と読み、疑問視されることなく定着している。これは、三宅米吉《みやけよねきち》(一八六〇－一九二九)が一八九二年に『史学雑誌』に発表し、以後の研究者がそれに従ってきたからである。

三宅米吉は、東京高等師範学校教授、校長、帝室博物館館長、東京文理大初代学長を歴任し、明治から昭和にかけての学校教育、歴史教育に指導的役割を果たしてきた人物である。その三宅が主唱した「漢の倭の奴の国王」という解釈が、発表されたときには、反論が出されたものの(稲葉君山「漢委奴国王印考」)、三宅の経歴が歴史の教科書において「漢の倭の奴の国王」という読みを定説に導いたと言ってよいだろう。

しかしである。よく考えてみれば、「漢の倭の奴の国王」といったこの読みは、果たして成立するのか。そこにはいくつかの腑に落ちない疑問、納得のいかない史料操作がある。

疑問⑴「漢の配下の倭に属する奴」という、AのBのCなる印文は不自然ではないか。
疑問⑵ 奴という国が後漢光武帝時代に日本列島に存在していたのか。
疑問⑶ 中国が賜与する称号で「国王」という称号があるのか。

【疑問⑴について】

AのBのCという表現は、大谷大学所蔵の銅印「漢匈《きょう》奴《ど》悪《あく》適《せき》尸《し》逐《ちく》王《おう》」が同様の構文をもつとされて、後にこの読みの正しさが補強されるのだが、これは、漢＋倭＋奴＋国王という構造とは似て非なるものと言わねばならない。悪適は、呼衍《こえん》、郎氏、栗借《りつせき》（籍）、呼盧訾《ころせい》などと同列の部族連合体匈奴の氏族名称であり、そのもとでの王名、官職名が且渠《しょきょ》、温禺鞮《おんぐてい》、姑夕《こせき》、尸逐に他ならない。二十前後からなる部族連合体を形成する匈奴は呼衍骨都侯《こえんこつとこう》、郎氏骨都侯《ろうしこつとこう》といった部族名を頭に冠しその下に共通の王名、官職名をもつ重臣が匈奴単于《ぜんう》に仕えていた。すなわち、「郎氏骨都侯」、「悪適尸逐王」という名称全体が官職名もしくは称号なのである。「漢匈奴悪適尸逐王」は、「漢に属する匈奴の悪適尸逐王」＝「漢＋匈奴＋官名」の排列であり、しかもその官名・王名は匈奴が独自に有していた名称と考えられ、「悪適尸逐」「郎氏骨都」は匈奴語の漢訳に他ならない。

「漢の倭の奴の……」という表現と漢が匈奴に与えた印の印文の構文は、似て非なるものであり、両者を同類に扱うことはできないのである。

【疑問⑵について】

「奴」という国が後漢光武帝の時代、五七年に存在し、倭の奴国は倭に所属する奴国という前提で考えられているが、果たしてそれが事実なのだろうか。また、かりに属国の奴国が漢に使者を派遣するなら、本国の倭を中国側はどう位置づけたのか。朝貢における倭と奴の関係はどうなっているのか。「倭」を地域名称、「人種としての倭人の」という解釈もあるかもしれないが。しかし印文においてそのような漠然とした地域名、人種名が使われることは寡聞にして知らない。

「奴」という国が中国側の史料にはじめてその姿を現すのは、「魏志倭人伝」においてであり、女王卑弥呼の邪馬台国への行程を記すあまりにも有名な記事の中に登場する。

> 倭人、帯方東南の大海の中に在り、山島に依りて国邑をなす。旧《も》と百余国。漢時に朝見するものあり。今、訳を使して通ずる所は、三十国。郡より倭に至るに、……又た南のかた一海を渡ること千余里、名は瀚海《かんかい》と曰う。一大国に至る。……東南のかた陸行すること五百里、伊都国に到る。……東南のかた奴国に至るに百里。……東行して不弥国に至るに百里。……南のかた投馬国に至る。水行二十日なり。……南のかた邪馬壹《ママ》国に至る。女王の都する所、水行十日、陸行一月なり。……女王国より以北は、其の戸数、道里は略ぼ載《の》するを得べし。其の余の旁国は遠絶にして、詳らかを得る可からず。次に斯馬国《しまこく》あり、次に已百支国《いはくしこく》あり、次に伊邪国《いやこく》あり、

次に都支国《としこく》あり、次に弥奴国《やどこく》あり、次に好古都国《こうことこく》あり、次に不呼国《ふここく》あり、次に姐奴国《そどくに》あり、次に対蘇国《たいそこく》あり、次に蘇奴国《そどこく》あり、次に呼邑国《こゆうこく》あり、次に華奴蘇奴国《かどそどこく》あり、次に鬼国あり、次に為吾国《いごこく》あり、次に鬼奴国《きどこく》あり、次に邪馬国あり、次に躬臣国《きゅうしんこく》あり、次に巴利国《はりこく》あり、次に支惟国《しいこく》あり、次に烏奴国《うどこく》あり、次に奴国あり、此れ女王の境界の尽きる所なり。其の南に狗奴国《くどこく》あり。……女王に属さず。郡より女王国に至ること万二千余里。

『三国志』魏書・東夷伝

また、『後漢書』東夷伝に、「倭奴国、貢を奉じて朝賀し、……倭国の極南界なり」と倭国と倭奴国を異なった国と説明していることも、「倭の奴国」の読みに掉さしたのであろう。

ここで、先に保留しておいた光武帝賜与の金印をめぐる史料の分析をせねばならない。関係する史料は以下の三つである。

(1)『後漢書』光武帝紀

中元二年（五七）春。東夷の倭奴国王、使を遣《つか》わし奉献す。

(2)『後漢書』東夷伝

建武中元二年、倭奴国、貢を奉じて朝賀す。使人、自ら大夫と称す、倭国の極南界なり。

光武は賜うに印綬を以てす。

(3)晋・袁宏《えんこう》（三二八－三七六）『後漢紀』光武帝紀

（中元）二年、春正月…丁丑、倭奴国王、使を遣わして奉献す。

我々が一般的に『後漢書』と言っている史書は、宋・范曄《はんよう》（三九八－四四五）がそれまで七種もしくは八種存在した「後漢書」を参考にして新たに編纂したものであり、それは陳寿『三国志』より一五〇年ほど後の編纂物である。つまり范曄は『三国志』東夷伝をも目にしており、「魏志倭人伝」の文章が『後漢書』東夷伝・倭に引用されていることは、周知のことである。

問題の中元二年の倭奴国王の奉献に関して、現存の史料で確認される最古の記事は、晋袁宏《えんこう》『後漢紀』で、范曄『後漢書』より一世紀ほどさかのぼり、范曄は袁宏のこの書も参考にしていると考えてよい。袁宏『後漢紀』では、倭奴国の奉献が日付を記されているが、范曄『後漢書』は、それが省略されているのは、名文家を自認する范曄が、独自の文体を求めたからだと私は想像したい。袁宏『後漢紀』の条文についていえば、この奉献について、各皇帝の時代の事績を記録した起居注、もしくは官府に蔵された公文書に日付をもって記入されており、それが史書編纂の史料となったからであろう。

范曄は、『後漢紀』、陳寿『三国志』を参考にして東夷伝を撰述するにあたり、「魏志倭人伝」が邪馬台国の南境に奴国を記していることで、「極南」からの朝貢を強調して「倭国の極南界なり」という蛇足的解説を挟んだのである。その意味で「倭の奴国」という解釈は、范曄から始まったと言ってよいかもしれない。

邪馬台国に関する記事は、後に述べる景初三年（二三九）前後であるが、その二〇〇年前の後漢初期に「奴国」が果たして存在していたのだろうか。後漢王朝が認識していた海の彼方の諸国が、『三国志』のそれと同じなのか。さらに問おう。邪馬台国は後漢光武帝の時にすでに存在していたのだろうか。

「魏志倭人伝」の記事を見て、いっそう戸惑うことがある。ここには、二つの「奴国」が記されている。伊都《いと》国から東南百里の距離にある奴国と女王国の領域最南の奴国である。「漢の倭の奴」の「奴国」は、いったいどちらの奴国なのだろう。

百歩譲って「奴国」という国邑が光武帝中元二年以前、つまり前漢末から存在し、中国に認識されていたとしよう。『漢書』の編纂者班固、かれは中元元年には生存しており、『漢書』は章帝建初八年（八三）に天文志、八表を除いて一応は完成していた。つまり班固は、中元二年の倭奴国の奉献を知り得たのである。しかし、『漢書』には、「楽浪海中に倭人あり、分れて百余国を為す、歳時を以て来りて献見すと云う」とだけを記して、奴国のことは、どこにも記していないのは、奇妙に覚える。

また、『後漢書』安帝紀および東夷伝には、永初元年（一〇七）に倭国の奉献を記している。

永初元年（一〇七）、冬十月、倭国、使いを遣わして奉献す。

安帝永初元年、倭国王帥升《すいしょう》等、生口百六十人を献して、願いて見《まみ》えんことを請う。

光武帝の時の「倭奴国」と、安帝元年の「倭国」、両者は「倭の奴国」と「倭国」という相異があるのだろうか。ならば、安帝の時代には、その「奴国」はどうなっていたのだろう。消えてしまったのだろうか。

以上のことから、光武帝期に「奴国」という名の国が存在し、それが中国で認められていたと考えることには、無理があると言わねばならない。

【倭奴国とは】

では、この「倭奴国」はどう解釈すればよいのか。私は、「倭奴国」「倭国」は同じ国を指していると考えている。さらに言えば、当時の後漢にとって、「倭国」「倭」と呼んでいても、その具体的な位置、統属国の正確な名称と数は曖昧だったのではないだろうか。倭という国がありそこから使者がやって来た程度の認識であり、またそれで十分だったのである。倭国が九州にあろうとヤマト盆地にあろうと、あまり重要なことではなかった。重要なのは、海の向こう、南（東）の果てからの中華への帰属であり、それ故、印綬を授けたのであり、先に提示した「観念的倭」に基づく行動ということに他ならない。ただ、この段階で、いままではっきり定義できなかった「倭」という名称が中国王朝によって四夷国の一つとして位置づけられたことは、確認しておく必要があろう。

范曄『後漢書』光武帝紀には、「倭奴国」とあり、安帝紀には「倭国」という異なった表記がされているのは、依拠した複数の〝原『後漢書』〟の表記の差だと私は考えている。当時、中国は「倭」を「倭奴国」とも呼んだのであり、以後の史書にも倭を倭奴と記す例もある。范曄がどこまで分かっていたのかは知らないが、中国の史書はなべて「倭」と「倭奴」を同一とみているのである。

漢光武の時、使を遣わして入朝し、自ら大夫と称す。安帝の時、又た遣わして朝貢す。之れを倭奴国と謂う。

『北史』列伝八二・倭

倭国、……漢光武の時、使を遣わして入朝し、自ら大夫と称す。安帝の時、又た使を遣わして朝貢す。之れを倭奴国と謂う。

『隋書』東夷伝　東夷・倭国

倭国は、古の倭奴国なり。

『旧唐書《くとうじょ》』東夷伝・倭国

日本、古の倭奴なり。

『新唐書』東夷伝・日本

「倭」がどうして「倭奴」となるのか、それは「奴」が異民族の国名に付けられ、卑下の接尾辞であるからに他ならない。先の「魏志倭人伝」に列挙された国名を思い出していただきたい。「弥奴国」「姐奴国」「蘇奴国」「華奴蘇奴国」「鬼奴国」「烏奴国」「狗奴国」……。さらに我々は漢の強敵として有名な北方騎馬民族国家「匈奴」を知っている。「匈奴」の「匈」は、匈河という河水の名称であり（『漢書』武帝紀・臣瓚《しんさん》注「匈河は水名。匈奴中に在り。令居《れいきょ》を去ること千里」）、それに卑辞の「奴」をつけて「匈奴」の二字が成立する。

やはり、「倭奴国」は「倭の奴国」ではなく、「倭奴という国」と解釈せねばならないのである。

【疑問(3)について】

疑問の(3)は、「国王」という称号である。

三宅米吉は、『史学雑誌』に掲載した論文のなかでは、「漢の倭の奴の国の王」と読んでいた。以後、彼の説が引用されるに従い、「漢の倭の奴の国王」との読みが三宅説となっていったようである。

今日、「国王」という二字の語は、日本でも「国の首長」、英語でのkingとして普通に使用されているが、「国王」も「国の王」も同じだという先入観が「（倭の奴の）国王」という読みを、別に疑問が出されることなく受け入れ定着させていったのだろう。

しかし、華夷秩序、倭王から天皇、天皇の称号などを正面に据えて考察していく本書において、はっきりと言っておきたいのは、中国の歴代皇帝が異民族の首長に与えた礼制に基づく制度的称号は「王」であり、「国王」などという名称は存在しないということである。

晋・司馬彪《しばひょう》『続漢書《しょくかんじょ》』百官志には、中国が四夷国の首長をはじめその族長などに与える称号――それは、皇帝に従属する臣下として位置づけ、国内の官僚と同じく印紐が下される――が明記されている。

四夷国、王、率衆王《そつしゅうおう》、帰義侯、邑君、邑長、皆な丞あり。郡、県に比す。

百官志五の表題には、「四夷国」とあり（この表題がいつの段階で付けられたのか、分からない。ただ、現存最古の版本である宋紹《しょうこう》興本には存在している）。そこから、この条文は、「四夷国には、王、率衆王、帰義侯……などの位があり」と読まねばならない。

また『漢書』西域伝にも、「最凡《およ》そ国は五十。訳長、城長、君、監、吏、大禄、百長、千長、都尉、且渠、当戸、将、相より侯、王に至るに、皆な漢の印綬を佩《お》ぶ、凡そ三百七十六人」と異民族の王が漢から印綬を与えられることを述べている。

さらに、いま一つ史料を加えよう。

王莽《おうもう》は劉漢の「王」という称号を「公」にし、四夷に対しても「王」から「侯」に降格させた。そこにも「国王」といった語は確認できない。

漢氏の諸侯、或いは王と称す、四夷に至るも、亦た之れの如し。古典に違い、一統に謬《そむ》く。其れ諸侯王の号を定めて、皆な公と称す、及び四夷の僭号して王と称するものも、皆な更めて侯と為す。　『漢書』王莽伝

制度上の用語、および一般の熟語、そのいずれの場合も「国王」という成語はなかったと言ってよい。

「王」に先立つ「国」についていえば、国名の呼称は、固有の名称に「国」の一字が接尾して◯◯国とするのが一般的である。『漢書』西域伝は、「鄯善《ぜんぜん》国、本、楼蘭《ろうらん》と名づく。王は扜泥《うでい》城に治す」を筆頭に某国とその王という表記が続き、「魏志倭人伝」においても「某某国」という国名が満ちあふれている。この「某国」という国号表記の体例は、「倭国」「倭奴国」も同じい。

以上、我々はもはや「漢の倭の奴の国王」といった三宅説の呪縛から脱却すべきではないだろうか。私は、金印の印文はこう読むべきだと言いたい。

漢の倭奴国《わどこく》・王

金印賜与の背景には、漢は倭奴国に王という称号とその認証をしめす印綬を与えることで、漢に朝貢し従属する異民族国家として倭を位置づけたのであり、中国と倭との政治的外交関係は、ここから始まる。拙著を貫く重要な鍵詞《キーワード》は、この「王」という一字であり、それが「天皇」号の日本での成立と、中国との外交の中で微妙に絡み合って展開していくことが以下の行論で明らかになるであろう。

委の奴と分けて読むのではなく、委奴と一つの地域、国として読むべきとの反論は、すでに稲葉君山によって出されている（「漢委奴国王印考」）。ただ、それは「奴」が倭に接尾する助字とは考えず、また「国王」という二字の熟語に依然としてとらわれている。委奴を一つの地域とみることについていえば、従来から伊都に通ずるとする見解も提示されてきた。しかし、「委奴」を「伊都」、もしくは「委」を「伊」と表記する他の用例はみあたらず、伊都（カールグレーン推定中古音 ʔi tuo）と「倭奴」（カールグレーン推定中古音 ʔ-jwię nuo）は、音が異なる。さらに、この時代に伊都国が存在していたかどうか、「奴国」と同じ疑問がある。

三　朝貢の真の意味

『漢書』地理志には、「歳時を以て来りて献見す」、『後漢書』光武帝紀、東夷伝には、「使いを使わして奉献す」とある。この奉献とも、朝献、朝貢ともいう語の意味するところは、夷狄が中華に懐き帰順の意をもって貢ぎ物を献上することなのだが、そこには語義とは異なる実態がある。

一九九〇年から一九九二年にかけて、河西回廊、現在の敦煌市の東から懸泉置《けんせんち》と呼ばれた郵書伝達ステーションが発見され、そこから二万点以上の漢簡が出土した。その中に、永光五年（前三九）の紀年をもつ、「康居王使者冊《こうきょおうししゃさつ》」と仮称される次のような内容をもつ木簡がある。

康居王の使者・楊伯刀《ようはくとう》、副・扁闐《へんてん》、蘇韰《そべつ》王の使者・姑墨《こぼく》、副・沙味即《さかそく》、貴人為匿《いとく》等、皆な叩頭し自言します。

かねてから、しばしば王にかわって駱駝《らくだ》を奉献すべく敦煌に入関し、関・県は順番に食料を有料で提供し、酒泉・昆帰《こんき》官に至って、太守は楊伯刀等と一緒に駱駝の体形を値踏みしていました。このたび、楊伯刀たちが、同じく王にかわって駱駝を奉献すべく入関し、値踏みのために順次、食料の提供をうけて酒泉までまいりました。酒泉太守は、ただ下級役人とだけで獣畜の値踏みをおこない、楊伯刀たちは献上する駱駝を見ることもできず、姑墨が王にかわって献上した白牡の駱駝一匹、牝の二匹は黄色と評価し、及び楊伯刀が献上した駱駝はすべて肥えているにもかかわらず、痩と見なしました。事実無根であり濡れ衣と申さねばなりません。

永光五年（前三九）六月癸酉朔癸酉、使主客部大夫が侍郎を通じて敦煌太守に報告したうえ、実情を調べ速やかに処理せよ。

ここに見える難しい名称および官職名は、無視していただきたい。注目したいのは、康居から駱駝などを漢に運んできて、敦煌で値段、品質などを評価したが、そのやり方に虚偽不正があり正当な価格算定がなされていないという康居側から漢の外務担当官に訴状が出され、担当官が調査を命じたという内容である。

康居とは、西アジア・シルダリア下流のトルコ系遊牧民族国家であり、漢帝国が認識している西域諸国の最西端に位置する。

ところで、康居の使者の物品の価値評価をめぐっての訴状は、いささかの違和感を我々に与える。書状には、「奉献橐佗《らくだ》入敦煌――橐佗（駱駝）を奉献すべく敦煌に入関し」と確かと「奉献」という語が使われている。康居の行為が貢ぎ物の献上だとすれば、その様な訴えはおかしいし、漢側も、「関係者に調査せよ」などと返答するのも解せない。「貢ぎ物は恭順のしるしであり、貢ぎ物を受け取った側が、礼物としてその価値を見積る。そちらがとやかく言う問題ではない」となぜはねつけないのか。

「奉献」という二字を字義どおりに「帰順の意をもって貢ぎ物を献上する」と解釈することは、ことがらの背景を誤解し、ひいては漢と周辺諸国の外交関係の分析を誤った方向に誘導することになるのではないか。

はっきり言って、康居からの使者は、商業交易が目的であったのだ。奉献という名のもとに周辺異民族が商業活動をすることは、文献史料にも確認される。

成帝の時（在位前三三－前七）、漢が異民族の使節に迎えの使者を送ろうとしたことに対して、次のような反対意見がだされた。


だいたい「奉献」とは、商売人が商いをしようとし、「献」という名目をかかげているだけです。こちらからわざわざ使者を煩わせて送迎するのは、実態からかけ離れており、だまされているのです。

『漢書』西域伝

もっとも、漢が知らなかったのではない。「奉献」が実態とはかけ離れていたとしても、漢の側はあくまでそれを朝貢・奉献という建前を通すことに政治的意図があったのだ。

「実は与《ゆる》すも、文は与《ゆる》さず。（実際は認めるが、建前では認められない）」という言葉がある。古代から今日まで続く中国社会の理念（文）と現実（実）、本音と建て前を使い分ける文実二元論的思考であるが、異民族との関係において中国側が「文」とするのは、あくまで非文明の野蛮が文明中華の徳と礼に対する帰順であり、その象徴が朝貢なのである。中華と夷狄の対等など容認できない以上、対等を原則とする商的取引は原則として存在しない。理念としてのあるべき朝貢は、あるときには、いまだ公的接触のない異民族が中華にすでに帰順したという虚偽的言説ともなっていく。

漢武帝の時、漢の統治の完成をいう次のような上申書が『漢書』に見える。

今、陛下は天下を幷有し、海内は率服せざるなし。……夜郎《やろう》、康居、殊方万里は、徳を説《よろこ》び誼《ぎ》に帰す。此れ太平の致なり。『漢書』董仲舒《とうちゅうじょ》伝

また同じ時期、巴蜀《はしょく》の太守にむかっての檄文に、康居が漢の徳を慕って帰順したことを言っている。

陛下、即位し、天下を存撫し、中国を集安《やすん》ず。然る後に師を興し兵を出し、北のかた匈奴を征す。単于は怖駭《ふがい》し、臂を交えて事を受け、膝を屈して和を請う。康居、西域は、訳を重ねて貢を納め、稽首《けいしゅ》して来享す。『漢書』司馬相如《しばそうじょ》伝

右の二つの史料は、ともに紀元前一三五～一三〇年あたりに上奏されたものだが、実はこの段階

で、漢は康居という国が遙か西方の彼方に存在するということを耳にしていた可能性はあるものの、康居が漢に朝貢した事実はない。康居の情報が正式に漢に伝えられるのは張騫が十数年にわたる苦難の西域調査から帰国した時であり、それは武帝元朔三年（前一二六）であった。康居の朝貢はそれ以後と考えねばならない。

ではなぜに上奏文は事実でない朝貢を誇らしげに述べるのか。いうまでもなくそれは、周辺異民族が漢帝国に帰順した、もしくは、せねばならないという中華意識に起因し、中華帝国の強大さを高らかに喧伝することで、帝国の政治力を示すことを意図したのである。誇示する対象は、外国だけではない。より比重が置かれたのは、国内に向けてであり、王朝の権威を国内に示したのである。

強大さの誇示は、単に外《と》つ国からの朝貢をいうのではなく、四海の果てから中華の徳に帰順したことを殊更示すことで一層効果的となろう。先の上奏文に「夜郎、康居」「康居、西域」と康居を特に挙げているのは、康居が西域の最西端に位置する（夜郎は、漢の最南の境界に位置する国）からに他ならない。さらに「重訳」という語は「沢は罔極《ぼうきょく》に流れ、海外の殊俗は訳を重ねて塞を款《たた》く」（『漢書』司馬遷伝）など史料に頻見される慣用語であるが、「塞を款《たた》く」が実際に塞を叩くという行為をしたのではないように、複数の通訳を必要とするという意味ではなく、「（複数に訳を重ねねばならないほどの）絶域から（中華の徳を慕って）」ということを強調した比喩表現でしかない。

ここで倭国のことを思いだそう。光武帝の金印賜与について私は、「倭という国がありそこから使者がきた程度の認識であり、またそれで十分だったのである」と述べた。もう一度ここで繰り返すと、倭奴国からの奉献が実際にどのようなものだったのかは分からない。しかし、光武帝は倭奴国が朝貢したという事でもって、中国に従属する王としての称号を与えた。いったい、倭奴国がどこにあるのか、またその実態がどうなのか、光武帝、後漢王朝がどこまで詳細を掌握していたのか、それもはっきりしない。しかし光武帝、後漢王朝にとって、重要なのは倭奴国が極東絶域の地の夷狄ということであり、それで事は十分だったのだ。

さらにいま一つ想起したい。『後漢書』東夷伝で范曄がわざわざ「倭国の極南界なり」と述べたその意味を。それは、范曄が「魏志倭人伝」に「奴国」が邪馬台国の領域の最南にあると記されていることで、中華意識をもって、それを取り挙げ注記したにすぎないのである。

先に私は、「観念的倭」と「実体的倭」という概念を提示した。前漢末の「楽浪海中の倭人」から「漢倭奴国」にかけて、中国王朝の倭奴国の扱いは、絶域からの帰順と朝貢という「文」（建前）が優先し、倭奴国がどこにあるのかという「実」（地理的認識）は、華夷思想によって薄められてしまっていた。漢の倭奴国、それは「観念的倭」、換言すれば「華夷観念のなかの倭奴国」と言ってもよい。

第三節　親魏倭王卑弥呼

一　陣雲暗し五丈原

蜀の丞相・諸葛孔明が五丈原《ごじょうげん》でその五十三年の生涯を終えたのは、二三四年八月であった。二二八年正月から開始した曹魏に対する北伐、孔明は十万の大軍をもって五丈原に陣をはり、また屯田を設けて懸案の兵糧受給を解消しようとした。満を持した第六次の遠征であった。

もっとも、孔明は内心分かっていたのであろう。暗愚な後継者、有能な臣下の払底、政治的不安定によって蜀は早晩滅亡するだろうということを。曹魏を打ち破り、「出師《すいし》の表」で鼓舞した漢王室の復興など、夢のまた夢であることを。しかし蜀の滅亡を手を拱《こまぬ》いて待つことが許されないとすれば、常時戦時体制を作って求心力を維持し、それによって内部崩壊を少しでも先送りする以外に孔明には打つべき手はなかった。

対する魏は、明帝（曹叡《そうえい》）の治世にあたり、彼は、「沈着にして決断力と見識をもち、君主としての気概をそなえた」（『三国志』明帝紀　評語）とされる青年皇帝であった。しかも補佐する大臣として軍事、内政の両面にわたっての実力者司馬懿《しばい》（仲達）が控えていた。

魏は孔明が断行した二三一年の第五次北伐から、蜀との戦いに決着をつけるべく司馬仲達を派遣する。再三にわたって決戦に挑む孔明と、持久戦に持ち込もうとする仲達のあいだでの駆け引きと深慮、そして事態は諸葛孔明の陣中での病死で幕がおりる。孔明の臨終は、魏と蜀の戦争の終焉、さらにいえば、蜀の実質上の終末であった。

西南の蜀に対する憂いがなくなったことで、明帝は、返す刀で仲達に命じて東北のかた遼東《りょうとう》半島制圧に向かわせる。当時、遼東半島には、魏の遼東太守であった公孫淵《こうそんえん》が独立して燕王と称し、孫呉と手を結び、魏に敵対していた。この獅子身中の虫を駆除するため、切り札司馬仲達を投入したのである。景初二年（二三八）正月のことであった。同年八月、司馬仲達は襄平《じょうへい》を陥とし公孫淵の首をはね、ここに公孫氏は滅亡、魏は遼東から朝鮮半島一帯を支配下に収めることができた。『資治通鑑《しじつがん》』巻七四（明帝景初二年八月）には、「遼東、帯方、楽浪、玄菟四郡は皆な平らぐ」と見える。

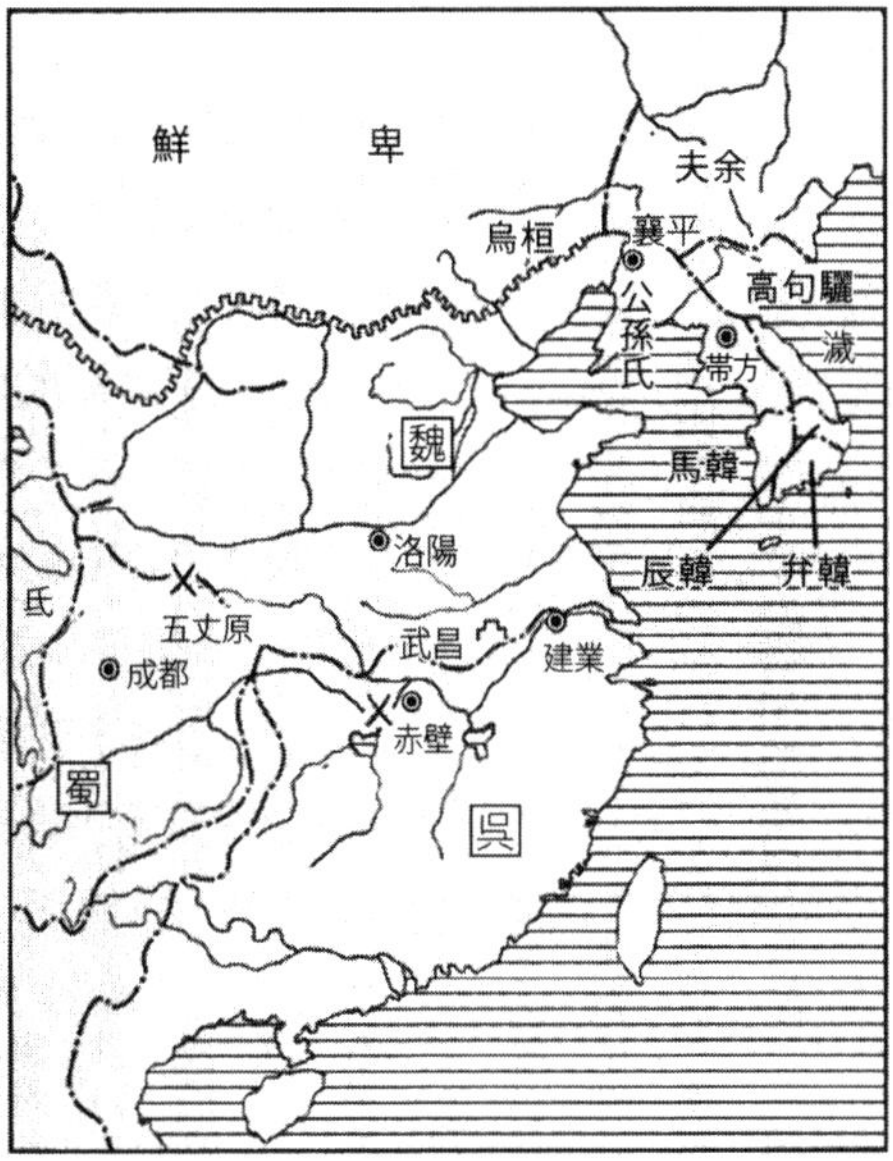

図5　三国鼎立

二　卑弥呼の朝貢

折も折り、倭の女王が魏に朝貢してきたのである。

> 景初二年六月、倭の女王は大夫難升米《なんしょうまい》等を遣わして郡に詣《いた》らしめ、天子に詣りて朝献せんことを求む。太守劉夏《りゅうか》は吏を遣わして、将《もっ》て送りて京都《けいと》に詣らしむ。『三国志』魏書・東夷・倭

『三国志』は、右の如く「景初二年六月」に作るが、『三国志』以外の史書は、『梁書』（唐・姚思《ようし》廉《れん》撰　六三六年成立）巻五四・東夷伝、『太平御覧《たいへいぎょらん》』（宋　九七七－九八三年成立）巻七八二・東夷・倭では、公孫淵誅殺の後という解説を加えて、景初三年のことと記している。

> 魏景初三年、公孫淵、誅されし後に至りて、卑弥呼は始めて使を遣わして朝貢す。魏は以て親魏王と為し、金印紫綬を仮す。　『梁書』巻五四　東夷伝

景初二年か景初三年か、これまで、研究者はそれぞれの立場から二年説、三年説を主張してきて、いまだ決着を見ていないように思える。二年と三年、わずか一年の差であるが、どちらを取るかで倭の女王卑弥呼の魏への朝貢の目的と意味が違ってくるのである。

景初二年から三年にかけて、魏をめぐる政治情勢が大きく変化したことは、さきに述べた。かりに卑弥呼の魏への朝貢が景初二年六月であったとするならば、遼東半島にはいまだ公孫氏が勢力を維持しており、司馬仲達との戦いの最中であった。その中で卑弥呼は、公孫氏の頭越しに魏と関係を結ぼうとしたことになる。また使節の難升米を洛陽に送るべく手配したのは、帯方郡太守劉夏であった。公孫淵が討たれ遼東半島から朝鮮北部が平定されたのは、二年八月のこと、その二ヶ月前の派遣だとすれば、難升米はすでに魏の支配下となっていた帯方で公孫氏の滅亡をただじっと待っていたと考えねばならない。

一方、景初三年六月と考えれば、公孫氏の滅亡後、翌年にかけて魏は襄平に東夷校尉をおき、楽浪、帯方など朝鮮半島の北半分から遼東は、完全に魏の支配下となった。卑弥呼の朝貢は、燎原の火に危機感を抱き、魏へ好みを通じようとした行為となろう。

朝貢の年をめぐっての先行の諸説に接して、私の率直な疑問というか納得のいかない点は、その年でなければならない必然的理由を帰納的に論証するのではなく、その逆、つまり景初二年（もしくは三年）を前提としたうえで、右に述べた倭からの朝貢の使者がなぜそういった行動をとったのかを演繹的に理由付けしていくという、論証の錯綜である。

さらに問題は、史料批判の厳密性を欠いていることである。景初二年、三年、どちらかが誤っていることは明らかである。なぜ史書にそのような誤りが生じたのか、その理由が編纂者が恣意的に書き直したという憶測で片付けられているように思える。

『三国志』東夷伝には、「景初二年」としている」、これは厳密に言えば、「今日残っている『三国志』の最も古い版本（南宋紹興版本（一一三一－一一六二））には、「二年」に作る」と言うことでしかない。『三国志』は陳寿（二三三－二九七）が西晋時代に編纂したのだが、もとよりその原本は残っていない。『三国志』の編纂時期は、書写材料が木もしくは竹から紙に移行した頃で、陳寿が『三国志』を竹簡・木簡に書いたのか、紙に書いたのか、定かではないが、紙本となっても、巻子《かんす》本《ぼん》という手書きの巻物であった。木版印刷がはじまる十世紀北宋になるまでの七、八〇〇年の間には、秘書省校書郎に蔵された正本は、書記役人（楷書手《かいしょしゅ》）によって紙本は書き写されていき、伝写は三十回以上にのぼる（清水茂『中国目録学』）。この過程で「二年」と「三年」の誤写が生じたという可能性は、排除できないのである。

ここで、留意せねばならないのは、『梁書』、そして紹興年間以前の編纂にかかる『太平御覧』の撰者は、『三国志』の当該記事を参考にし、それを引用して「景初三年（二年）……」という記事を書いたということである。つまり、撰者が見た『三国志』には、「景初三年」と書かれていた可能性が高いのではないだろうか。

ここにもう一つ史料を加えよう。それは、『日本書紀』神功皇后摂政三十九年の自注、魏志云う。明帝景初三年六月、倭の女王、大夫難斗米等を遣わして郡に詣らしめ、天子に詣りて朝献せんことを求む。

という記事である。ここは『日本書紀』の各写本には、異同はなく、『日本書紀』の注は、本文が書かれたときの自注とされており、そこから、記載は『日本書紀』が完成した七二〇年段階のものといえる。自注では、「魏志云」として「明帝景初三年……」としているが、「魏志倭人伝」（宋紹興本）には、「景初二年六月、倭女王遣大夫難升米等詣郡……」と記し「明帝」の二字はない。つまりこの二字は『日本書紀』の編者が加えたものである。

『日本書紀』の編纂者は、『三国志』魏志を見て、それに基づいて件の条文をものしたのと考えられるが、その時、「二」を「三」にして、そこに「明帝」を付記するという、二段階の改変と追記をした、私にはその理由が分からない。

『日本書紀』の編纂者が参考にした『三国志』には、「景初三年」とあったとするのが、無理のない自然な解釈ではないだろうか。

明帝は景初三年正月に死去した。したがって、「明帝景初三年六月」は存在しない。そこからこの記載を問題とする見方がある。「明帝景初三年六月」を「明帝が存命した景初三年の六月」と解釈するなら、確かに事実誤認といえる。明帝は、景初三年正月に死亡するが、新皇帝（少帝芳《ほう》）による改元は、翌年、二四〇年正月になって正始元年とされ、「三少帝紀」に見える新しい皇帝の紀年は、「正始元年」でもって始まる。一般に新皇帝即位にあたり改元が行われて、そこからその年号が新皇帝の年号となる。景初は、あくまで明帝が制定した年号であることから、後の歴史書、例えば『資治通鑑』巻七四・魏紀六は、「烈祖明皇帝下」として景初二年正月から三年十二月までを収める。

斉王（少帝芳）は新皇帝となるが、すぐに改元を行わず、年号は景初のまま一年続き、しかも正始という年号から、暦を変えてそれまでの十二月歳初から一月歳初に変更した。この特殊な経過が、『日本書紀』の「明帝景初三年」の表記にいかほどの影響を与えたのかは、定かでない。ここは、単純に年号はそれを定めた皇帝に結びつくと考えることで十分であろう。

三　錯誤からの証明

別の観点から考察してみよう。それは、誤りがなぜ生じるのか、なぜ「二」と「三」を誤るのかということである。伝写の過程で誤釈が生じる可能性は否定できないということは、先に述べた。そこからさらに、なぜそのようなことが出来するのか、また二と三がなぜ誤釈されるのかを考えてみたい。

伝写の過程での誤り、それは、正本である手書きの紙本が草隷（草書体）で書かれており、楷書手がこの草隷の書体を誤釈したからではないだろうか。もともと、草書は、隷書を草卒に書こうとすることから出てきたいわば「くずし字体」であるが、後漢時代後期になると、この草書体——隷書のくずし字ということで、「草隷」と当時は呼ばれた——が書芸術として高い評価を得るようになった。

後漢末霊帝（在位一六八－一八九）の時代の人、趙壹《ちょういつ》に「非草書」なる書論があるが、そこには、知識人たちが、草隷を優雅な書体として尊重し、「急ぎのことで、草書で認《したた》めることができなかったことを、お許しください」などと言うものを知らない輩がいると、皮肉たっぷりに揶揄している。ただ、趙壹の非難とは裏腹に、書芸術における草書の地位は、いや増しに高くなり、東晋の王羲之《おうぎし》、唐太宗李世民《りせいみん》は、その草書体が賛美されたのであり、秘書省の紙本も草隷体が主流であり、歴代の正史も例外ではなかったとみてよい。

図6　草書二（左）、三（中央）、五（右）

「景初三年」と「景初二年」の誤釈にもどろう。私は、これは草書体「二」と「三」を混同し誤釈したことから生じた誤りであると考えるが、ここで先に述べた『三国志』『梁書』『太平御覧』のほかに、いま一つの正史『北史』（唐・李延寿撰、六五九年成立）巻八二「倭」の章にも、この景初三年（二年）の卑弥呼の朝貢の記事が引用されていることを指摘しよう。行論が複雑となることを避けて、先には紹介しなかったが、『北史』の件の個所は、百衲《ひょくのう》本《ぼん》（元・大徳本）、明・北京国子監本、明・汲古閣《きゅうこかく》本、清・武英殿《ぶえいでん》本などは、

「三年」を「五年」に作っている。伝写の過程で「三」もしくは「二」を「五」と誤釈したからとしかこれは考えられないが、誤釈が生じるのは、草書の「三」を「五」に誤る、つまり「三」の真ん中の横線を草書体の「五」の崩した一部と認識したからで、このような誤認は「二」と「五」の間には生じない。同じことが草書体「二」と「三」の誤釈は、「三」から「二」への誤りは生じても、その逆の「二」を「三」と誤認する蓋然性は限りなく低い。要するに、誤りは「二」「五」であって、それは「三」の草書体の誤認といえるだろう。『北史』『梁書』そして『日本書紀』の編者が参考にした『三国志』魏書倭人伝には、やはり「景初三年」とあったのだ。

「三」とあるべきを「二」に誤るのは、他にも例を挙げることができる。『漢書』陳湯伝「山離烏弋」に付された後漢服虔注に「山離烏弋は二十六国の中に在らず」とあり、王先謙補注本は「二十六国」に作るが宋景祐本（百衲本）、殿本は「三」とする。「西域三十六国」であることから、「二」は「三」の誤りであることは確かである。また『韓非子』初見秦に、「世有三亡」という四字の句があり（『戦国策』秦策一にも同文が見える）、「三亡」を「二亡」に作る版本があるという（元・呉師道『国策補注』）。しかし、呉師道が引用する「宋本」と称する版本への疑問、および「二亡」が誤りであることは、陳奇猷《ちんきゆう》『韓非子集釈』および諸祖耿《しょそこう》『戦国策集注彙考』が指摘するところである。

また、草隷の誤認の傍証として、『荀子』が挙げられる。現行本『荀子』の最古の版本は、熙寧《きねい》年間（一〇六八－一〇七七）の宋・台州本であるが、王念孫《おうねんそん》、王引之《おういんし》が『荀子』の注釈でしばしば指摘するように、草隷の誤釈が随所に見える。「文」を「交」、「是」を「甚」、「八」を「六」、「不」を「下」、「厚」を「序」、「出」を「士」に等々、誤釈は宋本『荀子』全編にわたり、枚挙に暇ない。いったい、『荀子』は、儒家のなかでの主流の位置は占めていなかったので、後漢から唐までは注釈がなく、多くの注釈家が本文の校勘を試み、そこから原文に近づくテキストが自ずと作られていく『論語』などに比べて、注釈家の訓詁を経ずして、単に伝写を繰り返すことで唐・楊倞《ようりょう》注に至る。そのため伝写の際の誤釈がそのまま残っていく可能性が高い。他の儒家の書とくらべて、『荀子』の伝写に草隷の誤読が目につくのは、かかる理由によるのであろう。

楊倞の生卒ははっきりしないが、『荀子』の注釈は、憲宗元和十三年（八一八）あたりに作成されたとされる（『容斎続筆《ようさいぞくひつ》』巻一一「楊倞注荀子」）。『荀子』で指摘される草隷の誤釈をそのまま楊倞注が踏襲していることからすれば、誤釈は八一八年以前の伝写にかかる。また『北史』の成立は顕慶四年（六五九）であり、「景初五年」の誤写が生じたのは、当然成立以後になることからして、唐代、七世紀後半から九世紀前半に写本一般に伝写の誤りが目立って増えたのではないだろうか。それは、太祖以後、一層草書体に傾斜していったことがその原因の一つであったのだと考えたい。

景初二年八月に公孫氏は滅んだ。翌三年にかけて、楽浪、帯方など朝鮮半島の北半分から遼東は、完全に魏の支配下となった。魏の進攻に対して危機感を抱いた倭の女王卑弥呼は、魏への朝貢の使節を派遣することとなる。公孫淵滅亡の一年後、景初三年六月のことであり、使者は帯方郡経由で洛陽に向かい、十二月になって皇帝が詔書を下し、翌一月に使者はその詔書を携えて倭国にやって来た、これが事の経緯だった。

四　親魏倭王となす

この一連の流れは、「魏志倭人伝」の条に見える。

（其年十二月）倭女王に告げる。

制詔。親魏倭王卑弥呼、帯方太守劉夏《りゅうか》は使を遣わして汝が大夫難升米、次使の都市《とし》牛利《ぎゅうり》を先導させて、汝の献ずる男の奴婢四人、女奴婢生口六人、班布二匹二丈を朝貢すべく、送り届けてきた。汝の居処は遙かに遠いにもかかわらず、わざわざ使を遣わして貢献してきた。汝はまことに忠孝であり、我れは甚だ汝を哀《いっく》しむ。今、汝を親魏倭王となし、金印紫綬を仮す。

正始元年（二四〇）、太守弓遵《きゅうじゅん》は建中校尉の梯儁《ていしゅん》等を遣わし、詔書と印綬を承って倭国に至り、倭王に授けた。このときに魏が賜与した返礼品のなかに有名な卑弥呼の鏡とされる銅鏡一〇〇枚が含まれており、それが景初三年の銘をもつ三角縁神獣鏡なのか、さらには銅鏡の出土から邪馬台国がどこにあったのかに関して今に至るまで長い論争が続いていることはよく知られている。しかし、私はここで邪馬台国の場所、銅鏡に関しての問題に容喙するつもりはない。いま、行論のうえで、考えねばならないのは、「親魏倭王」という称号と賜与の意味である。

まず、確認したい。「倭」は「倭奴」とも称され、「親魏倭王」の称号は、かの「漢倭奴国王」と同じく、「王」という称号だということを。光武帝の与えた称号「漢・倭奴国・王」と魏が賜与した「親魏・倭・王」は、ともに中華の皇帝が蛮夷の首長に賜与した皇帝に臣従する王号として変わらない、また同じく金印であった。

「親魏倭王」という称号と金印は、当時の国際情勢から魏が倭を特別視した結果であり、倭国の実力を認めていた(もしくは過大評価した)、つまり魏と呉の緊張関係を踏まえて倭を特に優遇したのだという考えも出されていることは承知している。ただ、中国側の史料、制詔の表現、下賜品の内容からは、魏がことさら倭を重視したことを論証することは難しく、憶測の域にとどまり、説得力のある説とは思えない。

それにしても、私には腑に落ちないことがいくつかある。

一つは、『三国志』をはじめ中国側の史料を読んでも、そこから邪馬台国、卑弥呼の息使いが伝わってこないことである。邪馬台国の所在地の不明瞭さという問題はもとより、卑弥呼が使者を魏に送ったという記事はあっても、彼女の言葉は聞こえてこない。ベクトルの矢印は一方的に魏から邪馬台、倭国に向かっているだけとの印象をもつのは、私だけなのだろうか。

今一つは、魏から卑弥呼に与えた称号は、なぜ「親魏邪馬台国王」ではなく「親魏倭王」なのか、また、邪馬台国と倭はどういう関係なのかということである。

さらに、「魏志倭人伝」が記す「通ずる所は三十国」として列挙されている日本列島の諸国の中に、「倭国」「倭奴国」が挙がっていないのはなぜか。ある説は、「魏志倭人伝」に見える「共に一女子を立てて王と為す」をもって、邪馬台国を中心とした「倭国連合」があったと言うが、果たして「倭国」という名称を彼らは認識し共有していたのであろうか。
漢とした倭、倭国、そして邪馬台との関係、私は、「楽浪海中に倭人あり」「漢倭奴国王」から引き継がれる中国側の意識、つまり「観念的倭」にそれは水脈をもつのではないかと考えている。「倭」「倭人」とは、中国が箕子の遺風を残す「柔順な夷狄」という意味で、朝鮮半島南部から海の向こうに居住する集団を指す名称であった。やがてその倭人が後漢王朝に朝貢してきて、光武帝は絶域の地からの彼らの恭順さを良しとして、皇帝に臣従する「王」という称号を与えた。「漢に従う倭奴国の王」という金印の印文に他ならない。ただ、その段階では、海を隔てた遙か向こうに倭奴という「島夷」の国を想定していても、その地理的位置を具体的に把握していたとは思えない。中華帝国にとって、重要なのは絶域からの撫順という事実であり、それは『尚書』禹貢《うこう》にいう王城から五〇〇里ごと五段階的に位置づけられる周辺諸国の服事（五服）と、その果て「東は海に漸《い》り、西は流沙に被《およ》ぶ」地域から徳を慕っての朝貢という華夷秩序に基づく皇帝権力を国の内外へ顕示することであった。

　景初三年六月、邪馬台国の卑弥呼が朝貢を求めてきた。「魏志倭人伝」の「倭女王……天子に詣りて朝献せんことを求む」との記載が陳寿自身の文章なのか、彼が参考にした先行する「魏書」にそうあったのかは、定かでないが、魏王朝の「倭国」の認識が後漢の頃から格段に深まったとは、思えない。「魏志倭人伝」を読む限り、邪馬台国をはじめとして数多くの国名が列挙されているが、そこに「倭奴国」は見えない。

倭人が居住する絶域からの朝貢、それに対して魏は、中国側が「柔順」という意味で命名した「倭」という名称をもって、朝貢国に王号を賜与した、それが「親魏倭王」であり、漢王朝が与えた「倭王」を引き継ぐものに他ならない。邪馬台国に中華が作り上げた観念的倭の衣を被せたのである。「親魏邪馬台国王」ではないこと、倭国の実態がはっきりしないこと、倭をめぐっての記載の一方向性、それらは以上のように考えることで理解できるのではないだろうか。

漢王朝と同じく魏にとっても何よりも顕彰したいのは、絶域の倭からの朝貢であった。親魏倭王の称号を下す詔、「汝の居処は遙かに遠いにもかかわらず、わざわざ使を遣わして貢献してきた。汝はまことに忠孝であり、我れは甚だ汝を哀しむ」はそれを物語り、また少なすぎるとも思える献上品は、「遙かに遠い」その距離と恭順さに比して二義的な問題に過ぎなかったのだ。

五　東海と流沙――東西絶域の二つの国

かく、漢からの水脈を認めたうえで、しかしながら魏においては、新たな展開があったことを指摘したい。それは、邪馬台国に至る行程への執着である。「魏志倭人伝」が記す女王の国への里程

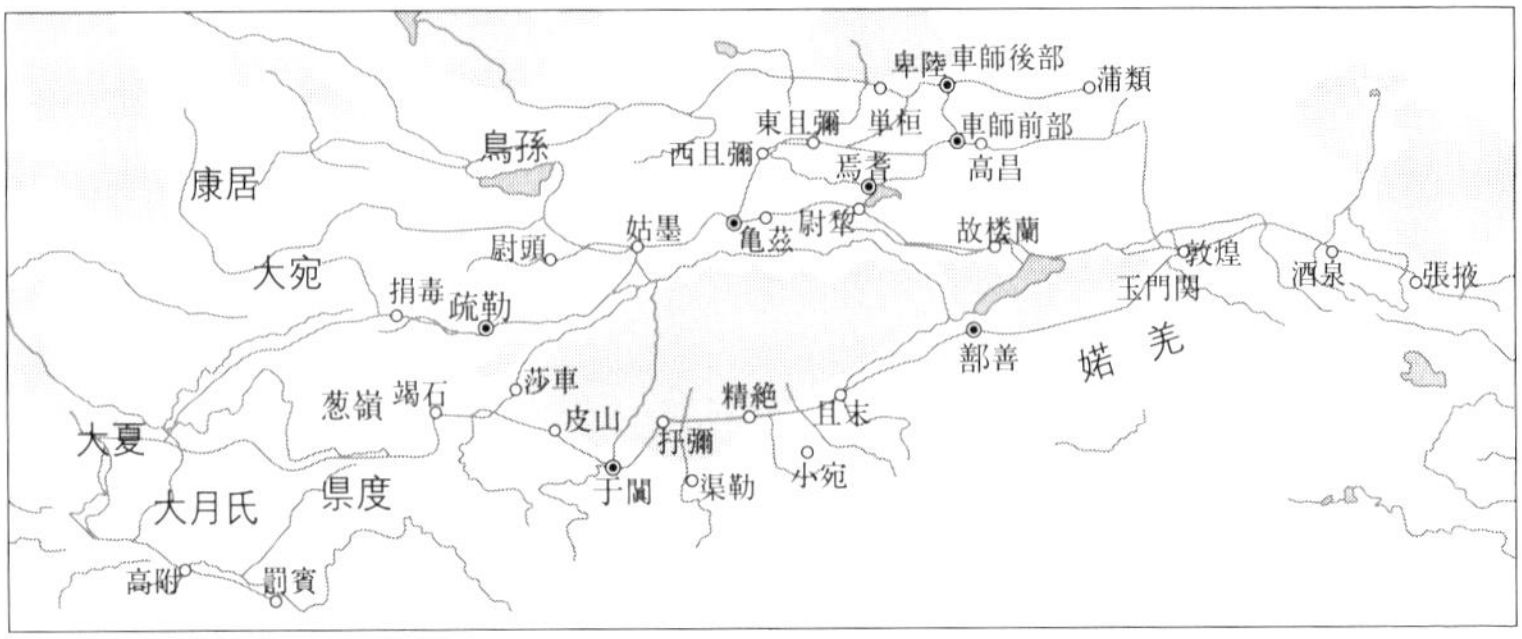

図7　3世紀前半の西域

をどのように読み解くのかは、長い時間をかけて行われてきた国民的議論であるが、この「迷路」に踏み込むことは避けるとして、いま、考えてみたいのは、なぜ、「魏志倭人伝」にいたって、それまで「楽浪海中の倭人」「海を隔てた東夷」という程度の距離感をもつ倭国であったのが、そこに至る方向と里程、日数が、その正確さはさておき、実数をもって明記されるようになったのかということである。

時代が降るにしたがって、周辺諸国に関する情報が多くなり、畢竟、詳しい記事が書かれるようになることは、自然の流れであろう。ただ、その流れに棹さした要因があった。

一つは、西域諸国、流沙の果ての詳細な記載が、冥海の向こうの東の世界についても具体的な実態を記すことを促した。つまり「東は海に漸り、西は流沙に被ぶ」といった華夷秩序のなかで、東と西の対称性が必要とされたことであろう。『三国志』烏丸鮮卑東夷伝・裴松之《はいしょうし》注所引の魚豢《ぎょかん》撰『魏略』西戎伝には、玉門関から西行する三つのルートの沿線にある国と里程が詳述され、大月氏、康居が西の果てに置かれている。

かく流沙の果ての地理的情報が得られることに伴い、東方の絶域を曖昧なままにしておくことは、できないであろう。中華の徳の及ぶ範囲をはっきりとさせて初めて華夷秩序を明確に喧伝することになるからに他ならない。また、東夷の地理的位置、それがどこまで正確なものかはさて措き、里程と日数を記すことで、いっそう倭・邪馬台が絶域であることを印象づけることになろう。

「親魏倭王」に類する称号は、ひとり倭に与えられただけでなく、ほぼ同時期二二九年に大月氏の王にも賜与されている。


癸卯、大月氏王・波調《はちょう》、使いを遣わして奉献す。調を以て親魏大月氏王と為す。

『三国志』魏書明帝紀　太和三年

『三国志』、いな中国の文献史料と言ってもいいいが、「親魏◯◯王」の称号はこの大月氏と倭国の二例にとどまる。「王」の称号自体は周辺諸国に賜与したことは、史料からも検証はできる。しかし「親魏某国王」は、倭と大月氏以外には、無い。実際は他に賜与したのだが、『三国志』には記載されていないだけだとの考えもあるかもしれない。しかし、周辺諸国への王号賜与は比較的丁寧に記している正史において、なぜ「親魏某国王」はこの二例だけなのか。

あえて憶測が許されるなら、私は、次の理由から、「親魏某国王」は、倭国と大月氏国の二国だけだったと考えたい。それは、大月氏国と倭が、『尚書』禹貢《うこう》にいう「東は海に漸り、西は流沙に被ぶ」が述べる東西の絶域にあたると魏が認識していたことにかかるのではないだろうか。

大月氏に関しては、『魏略』にはこう説明する。

流沙の西に大夏国、堅沙《けんさ》国、属繇《しょくよう》国、月氏国あり。四国の西に黒水あり。伝聞するところの西の極なり。

『三国志』巻三〇　裴注所引『魏略』

また、「親魏倭王」を与えた魏皇帝の詔書には「汝の居処は遙かに遠く」と絶域として倭国を位置づけていたこと、さきに挙げた。

今一つ付け加えよう。「魏志倭人伝」には、倭国（女王国）は帯方郡から一万二千余里離れていると記されており、大月氏は、長安城から一万一六〇〇里の位置にあると、これは『漢書』西域伝の記載である（『後漢書』西域伝では、洛陽から一万九五〇里の所と記し、『通典』辺防八には、大月氏は長安から一万二五〇〇里離れた大宛国から、さらに二、三千里遠い位置とする）。倭国と大月氏がともに中国から一万二千里前後離れた地点にあるというこの近似の距離数は、まさに二つの国がほぼ同じ遠さであると認識されていた、その地理的対称性を巧まずして示しているのではないだろうか。

東西の絶域からの朝貢と王号の賜与、これは先の漢王朝における康居と倭奴国の位置づけであったこと、我々は知っている。三国統一を目の前にして、魏の王朝は東西の絶域の国に王号を与え、中華=魏への帰属を内外に喧伝し、魏が漢を継承する正統的王朝を表明する。親魏倭王、親魏大月氏王の称号はその一環であり、かかる意味でこの二国を特別に扱ったと考えたい。

景初年間の魏と倭の交渉に関しては、中国側の史料だけでなく、日本側の史料にも記録が見える。それは『日本書紀』であり、『日本書紀』神功皇后摂政三十九年(二三九)、同四十年、同四十三年の分注に「魏志云」と「魏志倭人伝」を引用するかたちでそれぞれ記載がある。

六 『日本書紀』が記す「魏志倭人伝」

i 『日本書紀』神功皇后摂政三十九年(二三九)

卅九年、是年なり。大歳己未。〈魏志に云く。明帝景初三年六月、倭の女王、大夫難斗米等を遣わし、郡に詣らしめ、天子に詣りて朝献せんことを求む。太守鄧《とう》(劉?)夏《か》は使を遣わして、将《もっ》て送りて、京都に詣らしむるなり。〉

ii 『日本書紀』神功皇后摂政四十年(二四〇)

四十年。〈魏志に云く。正始元年。建忠校尉梯携《ていけい》等を遣わし、詔書・印綬を奉じて、倭国に

詣らしむるなり。〉

iii『日本書紀』神功皇后摂政四十三年（二四三）

卌三年。〈魏志に云く、正始四年、倭王は復た使の大夫・伊声者《いせいき》、掖耶約《えきややく》等八人を遣わし、上献す。〉

私が訝しく思うのは、卑弥呼、邪馬台国という名称がなぜここに明記されていないのかということである。『日本書紀』の選者が『三国志』魏書・東夷伝を目にしていることは、先に言及したように確かである。しかし、「魏志倭人伝」に記す「邪馬台国」「卑弥呼」の国名と人名は見えない。

①「魏志倭人伝」は、和音呼称の「ヒメ（コ）」「ヤマト」を「卑弥呼」「邪馬台」と漢字で表記したものであり、それは、『日本書紀』での漢字表記は、「倭（ヤマト）」「姫（ヒメ）」であって、あえて中国での表記を記す必要は無いとした。ただ、中国側は、「ヒメ」という発音の対象を、人物の固有名詞とみた。

②卑弥呼、邪馬台国を『日本書紀』において、どう位置づけるのか、神功皇后と倭女王との関係を調整することの困難さが記述の省略を招いた。

私は、どちらかと言えば①の解釈に傾くが、それを実証する有効な方法を持たない。むしろ次の事柄の方が気になる。

魏から「親魏倭王」の称号と印綬を賜与されたことを『日本書紀』はなぜ明記しないのか。

「親魏倭王」は倭国がわざわざ洛陽まで使者を派遣し朝貢を申し出たその見返りに与えられた称号であり、先に述べたように、倭、卑弥呼にとっては魏から承認された正統性の象徴である。誇示してしかるべきなのに、『日本書紀』が明記していないこと、私はそれが最も不可解なのである。「親魏倭王」は「魏志倭人伝」に確と記されていて、それを見ているはずの『日本書紀』が言及していないのは、故意に書かなかったと考えざるを得ない。つまり、三世紀倭女王の時代では、誇示すべき「親魏倭王」が『日本書紀』が編纂された八世紀養老四年（七二〇）段階では、隠蔽しておきたい事柄になっていたのではないだろうか。

以上、ここまで前一世紀から三世紀におよぶ中国と倭の関係を論じてきた。行論の過程で、私は華夷秩序の上にたつ「観念的倭」という概念を提示したのだが、三世紀、「魏志倭人伝」の時代にいたって、里程と国状をもとにした「実体的倭」の認識がおこり、それがまた「観念的倭」に影響を与えた、換言すれば、地理的邪馬台国に倭という観念を被せたと言うこともできる。これをもって、本節までの小結としたい。

以後、この二つの倭の概念が並立、相関して展開する四世紀以降へと時代を降っていこう。

第四節　倭の五王の時代

一　邪馬台国　その後

「親魏倭王」賜与の詔書が下されたのは、景初三年十二月のこと、魏は年が明けた正始元年正月（二四〇）に帯方太守弓遵《きゅうじゅん》を遣わし詔書と印綬を倭に届け、倭王は答礼の使者を魏に派遣した。その後も、魏は倭王属下の臣に中国の官職、印綬を下賜する。倭自身が魏の属国であると認識していたのかどうか分からないが、ただ朝貢国として魏の保護の下にあることを拒絶していたわけではない。むしろ魏を後ろ盾として周辺諸国に対する倭国の優位性の確立をめざしたと言ってもよい。

それは、狗奴国と卑弥呼との抗争をめぐって、帯方郡に情勢を訴え出て、魏は檄文を与えて教諭していること、また卑弥呼が死亡した後、倭国に擾乱がおこり、卑弥呼の血縁である台与《とよ》という十三才の少女を王に擁立したときも、魏はそれを支持する檄文を下していることからも明らかである。

以上は、「魏志倭人伝」が記すところであるが、魏から晋に王朝が移ると、倭と中国の関係は、次第に希薄となっていったようである。

『晋書』には、武帝紀泰始二年（二六六）十一月に「倭人、来たりて方物を献ず」という記載があり（『晋書』四夷伝・倭人にも「泰始の初め、使いを遣わし訳を重ねて入貢す」とある）、それは『日本書紀』神功皇后摂政六十六年（二六六）の分注「是の年、晋武帝泰初二年。晋起居注に云う。武帝泰初二年十月、倭の女王、訳を重ねて貢献せしむ」に対応するのであろう。ただ、『書紀』は「泰始」を「泰初」に作るが。

中国側の史料が次に倭国のことを記すのは、『晋書』安帝紀、義熙九年（四一三）の一条にとどまる。

　是歳、高句麗、倭国および西南夷の銅頭大師《どうとうたいし》、並びに方物を献ず。

倭女王の時代から、それは一七〇年ほど経っていた。史料の沈黙は、中国王朝と倭が一世紀半以上にわたって没交渉であったことを語っているのか、それは断言できない。しかし、かりに正式な使節の往来があれば、起居注をはじめ中国側の行政記録に記され、それをもとに帝紀、東夷伝を作成するという正史の編纂過程を考慮すれば、倭と晋、とくに東晋とは通交がなかったと言ってもあながち間違っているとも思えない。それを傍証するのが、四世紀初からの一世紀の中国側の混乱の歴史である。

二　漢人王朝の終焉

武帝（司馬炎：在位二六五－二九〇）が二八〇年に呉を破って立てた晋王朝は、長くは続かなかったばかりか、この王朝でもって漢人支配の統一王朝は終焉したと言ってよい。

武帝を継いだ恵帝（在位二九〇－三〇六）は、君主としての資格を全く欠いた暗愚、放恣、奢侈等々の悪評が与えられてもおかしくない人物であった。宴会と快楽に明け暮れ、政治のことを臣下と相談したことなど一度もなく、呉を平定した後は、軍備は不要とばかり、州郡をして武装を解除させてしまった。かかる愚政はまたたくまに帝国を破綻に突き進めることになる。

内政の面では、八王の乱と呼ばれる皇族同士の内訌《ないこう》と、全国的に拡大した擾乱を招来する。乱は、恵帝即位の直後からはじまり、十六年にわたって繰り広げられ、三〇六年に一応の収束をむかえるが、各王は勝利を得るために胡人をもって軍事力を強化し、対立する漢人勢力を打倒しようと、打ってはならない禁じ手を使ったのである。「夷狄をもって中華を制する」、かかるやり方は「五胡」といわれる北の異民族の蜂起を招き、晋王朝にとって致命的な結果を招来し、三〇四年には、匈奴の劉淵《りゅうえん》が漢国を建国、またたく間に洛陽を陥落（三一一年）、恵帝の後継の懐帝《かいてい》（在位三〇六－三一二）、愍帝《びんてい》（三一三－三一六）を拉致・殺害し、晋は滅亡してしまう。華北一帯は異民族が占有し、

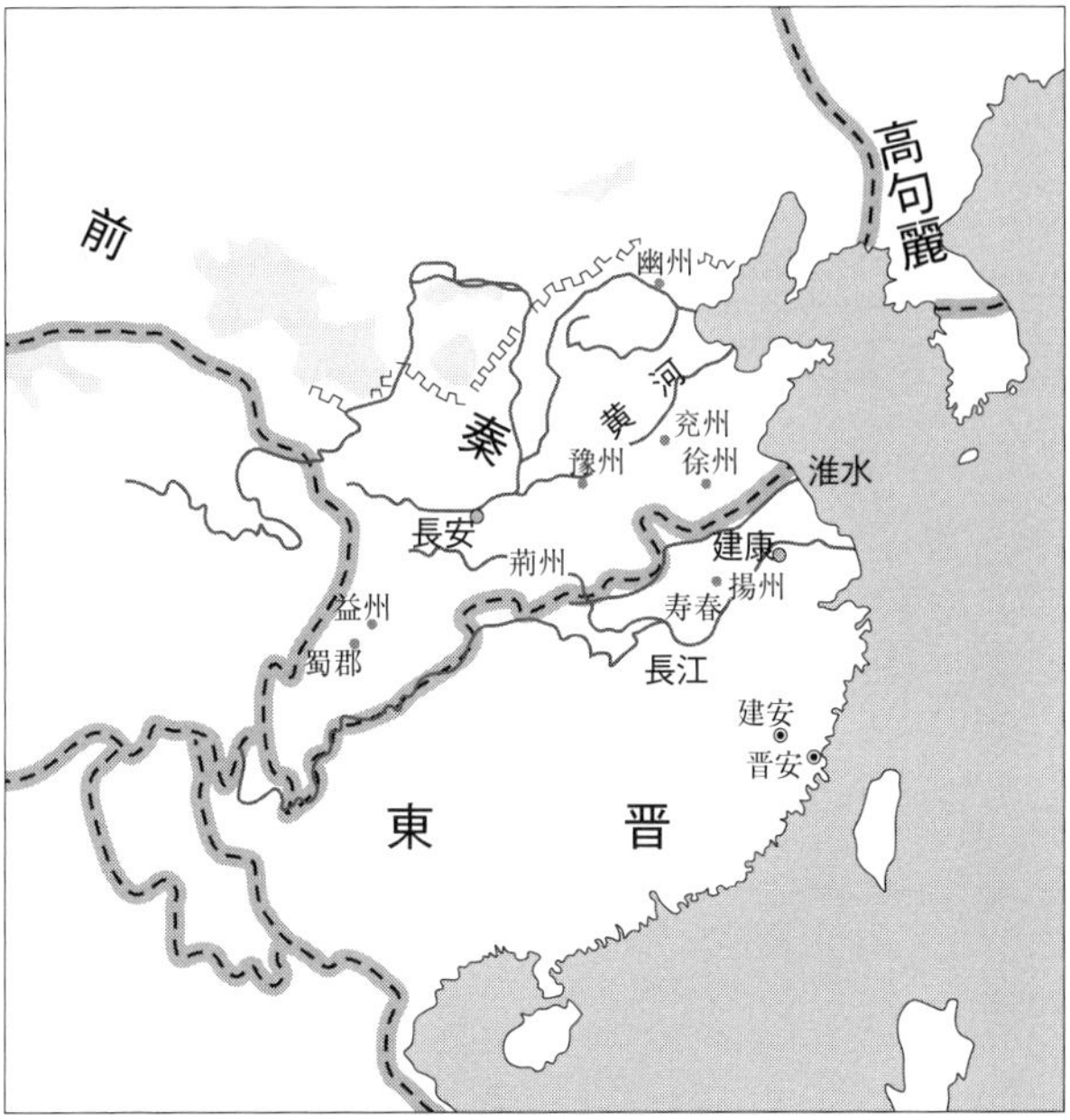

図８　４世紀末の東晋と前秦

五胡十六国が次々に興亡を繰り返す混乱の時代へと突き進んでいったのである。

晋は司馬睿《しばえい》（在位三一七－三二二）が江南建康（南京）に都を置く王朝、つまり東晋王朝を開くが、その領域は、長江の中下流域に限られ、山東半島はもとより、淮水《わいすい》の北は胡族の支配する地域になってしまったのである。以上が四世紀半ばの中国の混乱の情勢である。

さて、この時期の倭国の動静は如何。中国との交流の希薄さとはうらはらに、朝鮮半島への活発な関わり、加羅《から》（加耶《かや》）諸国への進攻、百済・新羅との交流が『日本書紀』神功皇后紀をはじめ応仁、仁徳紀には記されている。史実としての確実性は検討の余地があるが、『日本書紀』以外の同時代資料としては、中国吉林省集安の「高句麗広開土王碑《こうかいどおう》」を我々は知っている。三九〇年代に高句麗の南下に抵抗する百済を支援した倭が高句麗との戦いに敗れたことを記すこの碑は、倭の半島への執心を語るものといえよう。

かく、倭が朝鮮半島に多くの力を注いだことが、中国との関係を疎遠にさせた、それも一つの理由として挙げられるかもしれない。しかし、より主要な事由は、先に述べた東晋の支配領域が倭との距離を遠ざけたことである。

後漢、三国魏の時代、倭から中国への通行は、朝鮮半島を北上し、帯方郡、遼東《りょうとう》半島を経由する陸路か、百済を経て、漢江の北あたりから海路で山東半島に向かうか、もしくは遼東半島から渤海湾を山東半島に渡航するかの経路であった。後に紹介する倭王武の上奏文には、百済からの渡海がはっきりと述べられている。

いずれの経路をとるにしろ、華北、山東半島は経由せねばならなかったのだが、晋が南に移った三世紀以降、淮水《わいすい》以北は異民族が蹂躙する一帯となり、建康への経路は遮断されてしまったのである。このことが、中華の王朝と倭国との通交に空白をもたらした主な原因であったに相違ない。

四一三年、倭は思い出したように東晋に朝貢をおこなう。

三　東晋義熙九年の倭からの朝貢

（義熙）九年（四一三）冬十二月、是歳、高句麗、倭国および西南夷の銅頭大師、並びに方物を献ず。

すでに紹介した倭と東晋の交流をしめす唯一の史料である。「並献方物」とは、複数の周辺諸国が一緒に朝貢をおこなったという正史には頻出する事例なのだが、ただこの義熙九年の場合についてみれば、高句麗との戦争からさほど経ていない時期に、敵対関係にあった倭国が高句麗と一緒に朝貢の品を献上したことは、いささか奇妙であり、また、西南夷と倭がこの時期に通じていたことも首をかしげることでもある。

本章第二節であげた「康居王使者冊」、実はこの康居からの奉献も複数の国の王が一緒に使者を派遣した事例ではあるが、その実は私的な商業行為であった。それを中国は朝貢と見なして中華思想の名分を喧伝したと指摘した。そのことから見れば、この安帝義熙九年の記載も国の正式な使節というより、商人達が共同して「奉献」という建前のもとで、交易の便をはかったのではないだろうか。ただ私的交易だとしても、この年に倭から一七〇年ぶりの接触がなされたことは、認めてよいであろう。なぜ、この時期なのか。そこには、この時期としての必然性があったのだ。

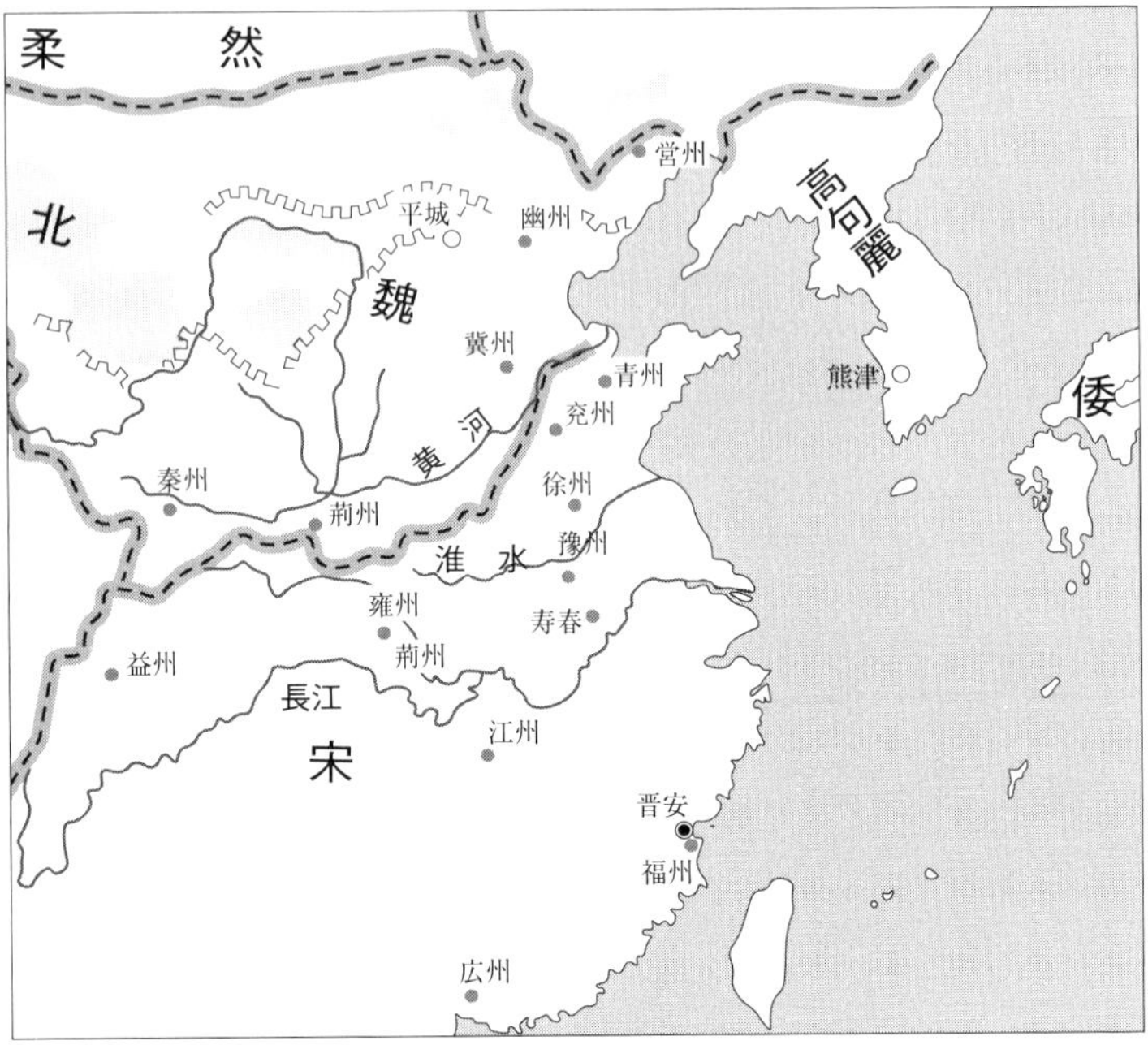

図9　淝水の戦いの後、北魏と宋

南遷した東晋は、北の胡族に対して劣勢を余儀なくされ、版図は淮水以南に甘んじなければならなかった。その後、一時的に洛陽を占領したことがあったが（三六三年）、領土を完全に奪還するまでには至らなかった。情勢を大きく変化させたのが、東晋太元八年（三八三）、世に「淝水《ひすい》の戦い」と呼ばれる南朝と北朝がぶつかり合った戦争である。南北統一をめざして自ら八十万の軍勢を率いて南下を決行した前秦の皇帝苻《ふ》堅《けん》（在位三五七－三八四）に対して、東晋は僅か八万の軍勢で迎えうち、両軍は淝水のほとり寿春《じゅしゅん》（江蘇省）で対峙する。多勢に無勢、圧倒的な力を有する前秦ではあったが、東晋謝玄《しゃげん》、謝石《しゃせき》らの巧みな戦略により、苻堅の軍は瓦解、大敗を喫してしまったのである。

華北はそれ以後、五世紀はじめの北魏の統一まで、五胡が入れ替わり国を建てては滅ぶ混乱の時代が半世紀ほど続くことになる。華北の混乱に乗じた東晋は、北に侵攻して失った領土を恢復していく、そして義熙六年（四一〇）、山東半島を奪還したのである。

義熙六年春二月丁亥、劉裕《りゅうゆう》は慕容超《ぼようちょう》を攻めてこれに克《か》ち、斉地は悉く平らげらる。

『晋書』安帝紀

慕容超とは、鮮卑族の南燕の王、劉裕は北伐に数多くの戦果をあげた後の宋武帝（在位四二〇－四二二）である。義熙九年に行なわれた倭の「朝貢」は、まさにその三年後にあたる。

先に私は、倭と東晋の外交において空白が生じた原因の一つを華北、山東半島の行路の遮断に求めた。なぜ義熙九年に突如倭が接触してきたのか、そのタイミングを考えれば、劉裕による淮水以北、山東半島の奪還と密接に結びついていることが明らかになろう。そしてこれを機に倭と中国王朝の外交が復活する。「倭の五王の時代」に入ったのである。

四　安東大将軍倭国王――倭の五王

いわゆる「倭の五王」とは、讃《さん》・珍《ちん》（『梁書』諸夷伝は「弥」につくる。「珍」と「弥」の類似から、伝写の過程でどちらかに誤ったのであろう）・済《せい》・興《こう》・武《ぶ》であるが、『宋書』（梁　沈約《しんやく》撰四八八年成立）の巻九七「夷蛮伝」倭国の条に、宋武帝永初二年（四二一）に朝貢をしてきた倭王讃にはじまり順帝昇明二年（四七八）の倭王武の上表まで、この五人の倭王が登場することによる。

『宋書』が一字の王名でもって記す五王が、日本側でいうどの天皇に当たるのか、武＝雄略天皇、興＝安康《あんこう》天皇、済＝允恭《いんぎょう》天皇には異論はないが、讃と珍に関しては、それを応神《おうじん》、仁徳《にんとく》、履中《りちゅう》、反正《はんぜい》のどの天皇に配当するのか、説が定まっていない。『梁書』は五人の系統を明記するが、『宋書』には珍と済の関係を記していないからである。なぜ五王を一字でもって中国側は記しているのか、中国では、諱《いみな》（本名）が一字であることから、讃をはじめ一字の名称で本名としたのか。ならば、その命名の根拠は何か、讃、珍の二人の王が誰であるのかとともに、残念ながら、私には、それに対する解答をここに示すことができない。

ところで、『宋書』に登場する五王であるが、記事はそれまでの正史倭国伝とは異なり、倭国の国情、習俗には触れず、倭王の称号をめぐっての宋と倭との駆け引きの記事に終始する。そして、倭王のほうから特定の称号を要求するというこれまでにはなかったことがそこで展開されるのである。

宋武帝永初二年（四二一）倭王讃の朝貢に対して、武帝は称号の授与をおこなう。その四年後、元嘉二年（四二五）にも朝貢をおこなう。その前年元嘉元年（四二四）に新たに文帝（在位四二四－四五三）が即位したことによるのであろう。

四二一年に讃にどのような称号が授けられたのか、『宋書』夷蛮伝・倭国には、はっきりとは書かれていないが、『宋書』文帝紀には、元嘉七年（四三〇）正月に「倭国王、使いを遣わして方物を献ず」と見え――その記事がなぜ夷蛮伝には記されていないのか、元嘉元年の朝貢が文帝紀では、七年となっているのか、それははっきりしない――、ここに「倭国王」とあることから、讃に与えられた称号が「王」であったと考えられる。

讃から珍に移り、ここから朝貢に際して、宋から賜与してほしい称号を倭王の側から自称して暗に要求するということが始まる。もっとも、宋は、その要求に対して必ずしも従ったわけではない。年代と自称称号、宋がそれに対して与えた称号を以下に列挙しよう。

五　複雑な官職名、称号

これまでの中国王朝が倭に与えた称号は、「漢倭奴国王」「親魏倭王」といった、いわば単一の称号であった。それが、五世紀倭の五王の時代になると、称号は一転して極めて複雑な、いくつかの官職名、称号を組み合わせたものとなる。一般には、馴染みのない長い名称がもつ意味とそれが存在する理由について、中国の職官制度のうえから、説明しておく必要があろう。

これまで私は「称号」という用語でもって説明してきたが、名称はいくつかのカテゴリーに分かれる。

①使持節《しじせつ》

漢代、皇帝が使者を派遣するときに、「節」という信任の旗のようなものを授与し、皇帝の意思の代弁者として、使命遂行においての専殺権を持たせたことに始まる。やがてそれは、特別職を意味する職名となり、晋・宋では、「使持節」「持節」「仮節」の三職があり、使持節は大臣クラス以下の官吏の専殺権を、「持節」は、軍事上の任務遂行、および官位をもたない者に対して、使持節と同じ専殺権を有し、「仮節」は、軍事上で軍令に違反した者を誅殺することができた。

②都督〇〇諸軍事

正式には、「都督諸州軍事《ととくしょしゅうぐんじ》」という名称である。魏晋では「州」とは地方における民事行政を管轄し、州刺史《しし》がその長であった。「府」は軍事を管轄する機関であり、長が都督である。ただ、魏のはじめから都督は州刺史を兼職して「都督州軍事」が置かれ、地方および周辺属国の民政・軍政の長官としての職となった。本来は、使持節と都督は異なった職であるが、二職が合わさって「使持節都督」という名称の職名が一般化する。

③将軍

五王	年代	自称（要求）した称号	中国からの授けられた称号
讃	永初2年（421）	不明	倭国王
珍	元嘉15年（438）	使持節都督倭・百済・新羅・任那・秦韓・慕韓六国諸軍事、安東大将軍、倭国王	安東将軍、倭国王
済	元嘉20年（443）		安東将軍、倭国王
	元嘉28年（451）		使持節都督倭・新羅・任那・加羅・秦韓・慕韓六国諸軍事、安東将軍、倭国王 （『宋史』文帝紀は、同年秋七月に安東将軍から安東大将軍に進号した）と見える。『南史』巻2も同じ）
興	大明6年（462）		安東将軍、倭国王
武	（武即位時）	使持節都督倭・百済・新羅・任那・加羅・秦韓・慕韓七国諸軍事、安東大将軍、倭国王	
	昇明2年（478）	開府儀同三司、使持節都督倭・百済・新羅・任那・加羅・秦韓・慕韓七国諸軍事、安東大将軍、倭国王	使持節都督倭・新羅・任那・加羅・秦韓・慕韓六国諸軍事、安東大将軍、倭王

（下線は倭国からの奉献が行われた）

秦漢時代から◯◯将軍という名称をもつ多くの将軍が登場したが、軍隊の統率をその職掌とするこの武官の名称は、やがて実態とかけ離れていき、一般に「将軍号」と呼ばれる一種の称号となっていく。宋では、地方の都督、刺史以下の文・武官は、将軍号を帯し、実際の軍事上の職掌を有する者もいたが、必ずしもそうではない将軍も存在し、将軍号の濫発により、将軍の虚号化が一層進行した。

――宋では将軍号は、同一

人物が帯する他の官職の品秩のバランスを調整するために機能した。

『宋書』百官志には、多くの将軍号が列挙されているが、その内、四征《しせい》将軍、四鎮《しちん》将軍、四安将軍、四平将軍と総称される将軍号がある。この「四」とは、東南西北の四方、四征将軍は征東・征南・征西・征北の各将軍、四鎮将軍は鎮東・鎮南・鎮西・鎮北の各将軍、四安将軍は安東・安南・安西・安北の各将軍、四平将軍は平東・平南・平西・平北の各将軍である。これらの将軍は四征∨四鎮∨四安∨四平という序列に位置づけられ、また某将軍の上位に某大将軍の将軍号があった。

④王

すでに「倭奴国王」「倭王」「親魏倭王」において、この「王」は本書で取り挙げてきた。王号は、前漢時代から国内の皇族、功臣に与えられるものと、周辺異民族の首長に賜与された称号に分かれる。ただ、どちらの場合も、正確に言えば「官職」ではなく、「封爵」という範疇に属す名称であり、爵位と同じく職名でない。

⑤開府儀同三司《かいふぎどうさんし》

後漢和帝期にはじまる特別職で、官僚の最高位の三公（司徒《しと》・司空《しくう》・大尉）と同じ待遇でまた府（独立官署）をもつ。「府を開き儀は三司に同じ」との意味である。

半ば有名無実ともいえるかかる称号が、なぜ時代をおって増加し、また一人の官人が複数の名称を持つに至るのか、それは、皇帝を頂点としてその下にピラミッド状に位置づけられる官僚制の時代的変遷に原因がある。

官僚制のもと、時代をおって官員は増加し、それに応じて官職の数と職掌は多岐におよび、加えて特別職が設けられ、本来、暫時的であった特別職が恒常的なものになっていく。それは、昔も今も変わらない。ただ、中国の官僚制は、すべての官吏が横並びに置かれるのではなく、縦系列化した官位の差等・序列が厳然として設けられており、宋の時代についていえば、官位の序列（品階）は九段階からなっていた。いわゆる九品である。官職ではない王号は別として、右の①②③⑤は官職である以上、そこには次のような品階があった。

使持節（使持節都督）→ 二品
（四征などの）諸将軍 → 三品
諸大将軍 → 二品
開府儀同三司 → 一品

一人の官人が一つの職名を帯し、職の品階がその官人の序列を指す、それが最も原初的あり方なのだが、官人の数が増大し、官職をそれに応じて増やすなかで、官人の上下関係・等差を、基本的に固定している九品階をふまえて、どのように操作するのかが問題となる。その結果として同一人物が複数のカテゴリーからなる官職、称号をもつことで他者との差別化、調整をおこなうというやり方が取られるようになっていった。大将軍という職名に「使持節都督」という別の職名が付加されることで、同じ二品官でもそこに差等をつけるということである。

さらに、もう一つ巧みな仕組みがそこには設けられた。それは、異なる品階の職が組み合わさってできた職名は、複数の官職のなかで最も高い品階がその人が有する品階となるということである。例えば、開府儀同三司、使持節都督某諸軍事、征東将軍という名称が賜与された場合、使持節都督は二品官、征東将軍は三品官であるが、そこに一品官の開府儀同三司が冠すれば、全体の官職は一品官となるということになる。

以上は、国内での官位制度のあらましだが、国外の異民族に賜与された場合には、国内の場合にもまして形式的、名誉的称号であることは注意する必要がある。使持節の名称を与えられたとしても、実際に節が与えられ、大臣クラスの官僚に対する専殺権が認められているのかといえば、そうではない。都督某諸軍事という職名も、その地域、異民族国に対して軍事、行政を総括する職を任命され、中央政府に文書でもって定期的に報告する義務はなく、また「府」という機関を有し、そのもとに官吏が所属しているわけでもない。将軍と言っても、中国内地同様、武官が所属し軍隊を率いているのではない。すべて実質を伴わない名目上の職名に過ぎなかったのである。それは今日、外国人に与えられるいくつかの名誉的称号、会員資格、名誉職名が実質の権限、資格において国内のそれらと全く同じでないのと似ている。

もっとも、「都督　某某　諸軍事」に関していえば、「某某」に充当される具体的地域、国名が記される以上、たとえそれが名目上であったとしても、その地域を統括する立場にあるということを中国皇帝に担保された「錦の御旗」の意味をもつことは確かである。

以上のことをふまえて、倭の五王の称号の授受を見てみよう。

六　一品官をめざして

倭の五王への称号授与は、永初二年（四二一）、讃に倭国王を使用したことから始まる。それは、珍への安東将軍、倭国王（三品）、済への使持節都督倭・新羅・任那・加羅・秦韓・慕韓六国諸軍事、安東将軍、倭国王（三品）へ、さらに倭王武が使持節都督倭・百済・新羅・任那・加羅・秦韓・慕韓七国諸軍事、安東大将軍、倭国王（二品）を自称もしくは要求し、要求は、開府儀同三司、使持節都督倭・百済・新羅・任那・加羅・秦韓・慕韓七国諸軍事、安東大将軍、倭国王（一品）へとエスカレートしていった。

倭王が宋に対してなぜかくも執拗に中国の爵位、官職を要求したのか。それは、同時期に宋王朝が高句麗、百済に対して同類の称号を賜与しており、朝鮮半島への進出を活発化する倭は、その進攻のお墨付きとして使持節都督諸軍事を求めたことは、明らかである。「倭国王」の称号だけでは効力をもたず、倭・百済・新羅・任那・加羅・秦韓・慕韓という具体的国名を示し統制するという名目があって初めてそれは意味をもつ。先に述べたように必要なのは、官職に伴う実態ではなく、官職名に象徴される「錦の御旗」であり、朝鮮半島への関与の大義名分であった。ことがらは、それだけではない。

宋はこの時期、朝鮮半島の高句麗、百済に同じような称号を賜与していた――新羅はまだ弱小国で、宋から称号を賜与されるという立場ではなかった――。高句麗と百済が時代を追って繰り返し称号を賜与されていった内容、それは例えば、次の職名、封爵・将軍号である。

【高句麗】
武帝永初元年（四二〇）。使持節、散騎常侍、都督営州諸軍事、征東大将軍、高句麗王、楽浪公（二品）
永初三年（四二二）。使持節、散騎常侍、都督営平二州諸軍事、征東大将軍、高句麗王、楽浪公（二品）

【百済】
武帝永初元年（四二〇）。使持節都督百済諸軍事、鎮東大将軍、百済王（二品）

右に示した高句麗と百済への称号賜与は、倭王讃の時期であり、同時期に倭が宋から与えられた称号は、倭国王だけで、使持節都督には任命されてはいない。

倭がとりわけ対抗心をもったのが、高句麗であった。当時、高句麗は百済に侵攻し、同盟を結んでいた加耶（加羅）、倭を打ち破り、朝鮮半島を席捲しつつあった。半島南部から百済へと勢力を拡大せんとしていた倭にとって、高句麗は積年の敵とも言え、四一四年建立の広開土王碑には、広開土王（在位三九一－四一二）の戦果が記され、さらに、後にあげる倭王武の上奏文には、高句麗の無道を訴え、讐敵の撃退を宣言している。

倭王の執拗な称号要求は、元嘉十五年（四三八）の倭王珍による自称から始まるわけだが、朝鮮半島進出、高句麗撃退を目論む倭がそのお墨付きとして高句麗、百済と同等、いやそれ以上の称号を宋に要求することは、自然の流れであった。ただ、何をもって「同等」、「それ以上」としたのか、倭王にとって何が重要であったのか。

もう一度、倭の要求の内容を見ていただきたい。

安東将軍、倭国王に対して倭は、「安東大将軍」、さらには使持節都督を、そして最終的には開府儀同三司を求める。それは「複数の官職のなかで最も高い品階が全体の職名の品階となる」という原則に基づき、三品官の安東将軍に他の職を加官することで、二品官に、さらには一品官をめざした。二品の官位を有する高句麗、百済に並び、さらにその上の品階をと、品階に於ける序列をもって優位性の担保にしようとしたと考えられる。

もとより、都督倭・百済・新羅・任那・加羅・秦韓・慕韓七国諸軍事は、七国の統治権を具体的に示すものであり、そこに進出の大義名分が込められているのだが、要求が一品の開府儀同三司へと高くなっていくのは、やはりより高い品階をもつことに意味があり、それによって高句麗を凌駕することを意図したに相違ない。

宋が倭の要求に対して譲歩しつつも、肯んじなかった官職は、「都督倭・百済……七国諸軍事」という百済を都督する名称、および開府儀同三司であった。百済には使持節都督百済諸軍事の官職を賜与しており、高句麗との外交バランス、百済と宋の外交を考慮すれば名目上にしろ倭に百済の統治権を認めるわけにはいかないことは当然であろう――中国内地の都督某州諸軍事は、同じ州の都督として複数の者を任命することはあったとしても、周辺諸国のしかも自国の統治権をその国と他の国に共有させるということは、あり得ない――。

また開府儀同三司は、国内においては特別最高位と言ってもよく、使持節都督との径庭は、品階の一ランク以上であり、実質が伴わない名目上の職位といえども、これを周辺異民族に賜与することは、宋にとっては到底認めることなどできなかった。

以上、倭が宋に要求、また賜与された官職・称号の意味と、そこに込められた倭の意図を分析してきたのだが、いま一つ考察すべき事柄が、ある。それは、倭がなぜその時期に要求をおこない、宋がそれを考慮して要求にある程度応えたのかという理由である。そこには、宋の側の内政及び外交の事情が内在している。

七　南朝と北朝の抗争の中で

i　元嘉十五年、倭王珎の朝貢と称号の要求

倭が宋に対して、最初に二品官である「使持節都督……六国諸軍事、安東大将軍、倭国王」の称号を要求したのは、元嘉十五年（四三八）、倭王珎の時であった。

時に宋は劉裕・武帝を嗣ぐ劉義隆《りゅうぎりゅう》・文帝（在位四二四－四五三）の時にあたる。元嘉《げんか》という年号でもって続いた三十年の治世は、南朝の各王朝のなかでも梁武帝（在位五〇二－五四九）に次ぐ長さであり、江南貴族制のもとでの安定した時期であった。学問を好む文帝は、元嘉十六年（四三九）に、儒学、老荘学、史学、文学の四学を学館に立てて学徒を集め、詩人としては陶淵明《とうえんめい》、謝霊運《しゃれいうん》がこの時期に登場する。また臨川王劉義慶《りゅうぎけい》（四〇三－四四四）撰の『世説新語《せせつしんご》』は、六朝貴族社会の成熟を生き生きと描いている。

> 江南の習俗は、ここに花開き、後世、教化の行き届いた政治といえば、この元嘉の治を範として称賛する。
>
> 『南史』宋文帝紀

なるほど文帝は内政面では、高い評価を得たのだが、対外的にも有能であったかといえば、そうではない。東晋からつづく南朝の王朝、それは文人貴族が優位をしめる社会であり、彼らは戦争というものには全く素人であり、文化、文明に対する優越意識とプライドだけが高い。それは武人に対する軽視と鼻持ちならない中華意識に具体的に表れていたのである。

江南社会が元嘉の治を謳歌していたその時、華北では五胡十六国の時代が終焉をむかえ、北魏・太武帝（拓跋燾《たくばつとう》四二三－四五二）が燎原の火の如く華北を統一していった。

四二四年：柔然《じゅうぜん》を駆逐し、外蒙古を制圧。
四二六年：匈奴、夏を攻撃して長安を占領。翌年、夏を滅ぼす。
四三六年：北燕《ほくえん》を滅ぼし遼河流域を占領。
四三九年：北涼《ほくりょう》を滅ぼす。華北を統一し、五胡十六国時代は終焉。
四四五年：西域鄯善《ぜんぜん》を占領。
四四八年：焉耆《えんき》、柔然を撃退。

朝鮮半島そして倭にとって何よりも深刻な影響を与えたのは、北魏の遼東一帯の支配であった。北魏が燕の支配下の平州・営州に勢力をのばし、直接に境界を接するようになった高句麗との関係は悪化し、四三七年になって、北魏は高句麗が詔に背いたということから、征討の議論がおこる。

南朝宋は高句麗に、「使持節、散騎常侍、都督営平二州諸軍事、征東大将軍、高句麗王、楽浪公」

を与えていたのは、四二二年であったが、北魏との関係が悪化するにしたがって、高句麗は、宋に貢献の使いを送り、文帝期には、毎年朝貢をおこない、元嘉十六年（四三九）、宋は高句麗に馬八〇〇匹を与え、共同して北魏攻撃を考えるまでにいたった。

倭王珎が宋に貢献の使を送ったのは、この時期、元嘉十五年（四三八）であった。

（元嘉十五年）是歳、武都《ぶと》王、河南国、高麗国、倭国、扶南《ふなん》国、林邑《りんゆう》国、並びに使を遣わし方物を献ず。

『宋書』文帝紀にいう右の倭国の朝貢が『宋書』東夷伝・倭国の「弟、珎立ち、使いを遣わして貢献す」のことなのか、どうして、南の諸国と一緒であったのか。先の東晋末の朝貢（本書七五頁）と同様の疑問が残るが、倭王珎がこの時期に、「使持節都督倭・百済・新羅・任那・秦韓・慕韓六国諸軍事、安東大将軍、倭国王」を自称して暗にその称号を承認してもらおうと謀ったのは、高句麗と宋の関係を牽制し、自国も同等の称号を得て、宋王朝の藩屏として朝鮮半島進出を目論んだと考えて間違いないだろう。

ii 倭王済への称号授与

宋はしかし、倭国の要求を無視し、「安東将軍倭国王」を賜与しただけであった。それが、一転、元嘉二十八年（四五一）になって、「使持節都督倭・新羅・任那・加羅・秦韓・慕韓六国諸軍事、安東将軍、倭国王」を倭王済に賜与し、同年のうちに安東将軍を安東大将軍に進号する。その背景には何があったのだろう。

淝水の戦いの勝利を経て、東晋は義熙六年（四一〇）、山東半島を支配下に置いたことは、さきに述べた。以後王朝が宋に移り、倭王珎、済が宋と交渉をおこなったときも、状態は維持されていた。それが変化するのが、北魏と高句麗の関係が悪化し、高句麗が宋に接近し、宋文帝が北伐に心動かされたことによる。そこには、積年の願望である華北奪還が根柢にあったことは言うまでもない。

敵との力関係を全く理解せず、側近の白面書生（青白きインテリ貴族）に煽てられた文帝は、北伐を敢行したが惨敗、一時は首都建康の間近まで北魏軍が迫ってきたのである。幸いにも北魏軍は北に引き上げていったが、華北奪還という南朝の夢は、それ以後二度と正夢となることはなかった。元嘉二十八年（四五一）正月から二月のことである。

宋が倭に使持節都督以下の称号を賜与したことと北伐の惨敗、二つは全く無関係とみることはできない。宋はここで劣勢を挽回すべく、倭の要求を飲んで、倭を自国に引きつけて従属を確固たるものとして高句麗、北魏を牽制し、かつ中華意識を顕彰し自国の引き締めをはかった、これが、北伐失敗の四五一年に倭王済に対して宋自らが行った窮余の外交的措置だったのだ。

iii 倭王武の称号要求と賜与

宋孝武帝大明六年（四六二）に安東将軍倭国王の爵号を与える詔を倭王興に下す。これは孝武帝が即位したことで、倭王興が貢献をおこなったことに対する宋の返礼であったが、ここでは「安東将軍・倭国王」にもどり、その後、称号をめぐる倭と宋の外交は倭王武の時代まで十数年間途絶える。その原因は、四五三年に文帝が皇太子に暗殺され、その皇太子を殺害して即位した孝武帝劉駿《りゅうしゅん》（在位四五三－四六四）以後、宋王朝の内乱がはじまり、滅亡の奈落に突き進んだことによるのであろう。

孝武帝から廃帝（在位四六四－四六五）へ、そして明帝（在位四六五－四七二）、後廃帝（在位四七二－四七七）、王朝最後の順帝（在位四七七－四七九）、それぞれの皇帝の在位期間の短さが象徴するように、皇族同士が互いに猜疑心にかられて殺し合い、それは晋安《しんあん》王子勛《しくん》の乱と呼ばれる全国的騒乱へと拡大、もはや宋王朝は制御不能の混乱状態に陥っていったのである。

内乱は当然ながら北への防衛にも影響する。軍人の士気の低下、北魏の攻勢、司令官の投降などにより、淮北の領土は北魏に占領され、四六七年から四六九年にかけて淮北四州（青州、冀州《きしゅう》、徐州、兗州《えんしゅう》）を失ってしまう。つまり山東半島一帯は北魏の領土となったのである。東晋が江南に移

図10　5世紀末の北魏と南斉

り、「淝水の戦い」以前の状態にもどったと言ってもよい。

明帝泰始五年（四六九）十一月、北魏と宋のあいだで和親協定が結ばれ、長く断絶していた両国の交流は、ここに復活し、以後は毎年和親を確認するために使節を交わすようになった。

倭王武が「使持節都督倭・百済・新羅・任那・加羅・秦韓・慕韓七国諸軍事、安東大将軍、倭国王」を自称したのは、まさにこの時期であった。

『宋書』夷蛮伝には、「興死し、弟武立ち、自ら使持節都督倭・百済・新羅・任那・加羅・秦韓・慕韓七国諸軍事、安東大将軍、倭国王を称す」とのみ見え、宋に朝貢した云云の記事はなく、またそれが何年であったのか、はっきりしない。しかし、順帝昇明二年（四七八）に有名な倭王武の上奏文がだされ、そこでさらに開府儀同三司を要求していることからすれば、四七〇年から四七八年の間であったと推測したい。

山東半島は魏の領土となったが、宋と北魏の和親により、交通路が開かれたことで倭が使節を派遣することが可能となったのであろうが、より注目せねばならないのは、倭は滅亡に瀕する宋につけこみ、この機を利用して、高句麗を凌ぐ一品の最高官職を要求したことである。宋もそれを拒否することよりも、倭の不当な要求を飲み、かろうじて開府儀同三司と都督百済は認めなかったものの、称号賜与という外交カードを切ることで中華国家の威厳を示し、内政の立て直しを謀ったのだと私は考えている。しかし、それも効果はなかった。翌四七九年をもって、宋は南斉に政権を禅譲することとなる。

昇明二年（四七八）になぜ倭王武が称号を要求したのかについて、宋の国情の他に、もう一つの要因がある。それは百済との関係である。倭と百済は四世紀後半から通交関係をもち、百済と高句麗が緊張の度合いを高めるに従い、一層友好関係が深まっていく。ただ、高句麗の百済への侵攻は厳しさを増し、四七五年に百済の都漢城《かんじょう》が陥落、蓋鹵《がいろ》王が殺され、滅亡してしまう。百済は文周《ぶんしゅう》王のもと、熊津《ゆうしん》で再興するが、流寓政権は中興の主である武寧《ぶねい》王（在位五〇一－五二三）まで、安定には四半世紀の時間を要した。

倭は弥の時代から都督倭・百済・新羅・任那・秦韓・慕韓六国諸軍事と百済をふくめた都督諸軍事を要求してきたが、倭王武の「開府儀同三司、使持節都督倭・百済・新羅・任那・加羅・秦韓・

慕韓七国諸軍事、安東大将軍、倭国王」の称号の要求が百済の滅亡の直後であったことは、偶然とは考えられない。

以上が、五世紀、称号をめぐる倭の五王と宋王朝および朝鮮半島との外交の顛末である。それにしても、倭国の波状的とも言える要求は、宋の内政と外交を見据えた実に時宜を得た巧みなやり方であったと言わねばならない。また官制の複雑な仕組みと官品の構造は、今日制度史の研究者ですら頭を悩ます複雑な問題であるが、当時の倭国はそれを知悉していたこと、なぜそこまでの情報を得ることができたのであろう。

次節は、それを示唆する二つの史料を取り挙げ考察したい。

八　百済と倭の関係を示す二つの資料

i　倭王武の上奏文

倭王武が、宋順帝昇明二年（四七八）に開府儀同三司以下の称号を求めるにあたり、長文の書簡が上奏された。『宋書』夷蛮伝にみえるいわゆる「倭王武の上奏文」であり、日本史の教科書にこれも必ずその内容が紹介されている。

以下、行論の必要から、その原文と読み下し文をあげることを了承していただきたい。

封国偏遠、作藩于外。自昔祖禰、躬擐甲冑、跋渉山川、不遑寧処。東征毛人五十五国、西服衆夷六十六国、渡平海北九十五国。王道融泰、廓土遐畿。累葉朝宗、不愆于歳。臣雖下愚、忝胤先緒、駆率所統、帰崇天極。道逕百済、装治船舫、而句驪無道、図欲見呑。掠抄辺隷、虔劉不已。毎致稽滞、以失良風。雖曰進路、或通或不。臣亡考済、実忿寇讎壅塞天路、控弦百万、義声感激、方欲大挙、奄喪父兄、使垂成之功、不獲一簣。居在諒闇、不動兵甲、是以偃息未捷。至今欲練甲治兵、申父兄之志。義士虎賁、文武效功、白刃交前、亦所不顧。若以帝徳覆載、摧此強敵、克靖方難、無替前功。窃自仮開府儀同三司、其余咸各仮授、以勧忠節。

【封国、偏遠《へんえん》にして、藩を外に作《おこ》す。昔より祖禰《そでい》は、躬《みずか》ら甲冑を擐《つらぬ》きて、山川を跋渉《ばっしょう》し、寧《ねい》処《しょ》に遑《いとま》あらず。東のかた毛人を征すること五十五国、西のかた衆夷を服すること六十六国、渡りて海北を平らぐること九十五国なり。王道は融泰にして、廓土《かくど》は畿《みやこ》より遐《はる》かなり。累葉《るいよう》、朝宗して、歳を愆《たが》わず。臣、下愚といえども、忝《かたじ》けなくも先緒《せんしょ》を胤《つ》ぎ、統ぶる所を駆率《くそつ》して、天極に帰崇《きすう》せんとす。道、百済を逕《へ》て、船舫《せんぽう》を装治せんとするも、句驪は無道にして、図りて呑まれんと欲す。辺隷を掠抄《りゃくしょう》し、虔劉は已《や》まず。毎《つね》に稽滞《けいたい》を致し、以て良風を失う。路を進まんと曰うと雖も、或いは通じ或いは不《しか》らず。臣の亡考・済は、実に寇讎《こうしゅう》の天路を壅塞《ようさい》するを忿《いきどおり》て、控弦《こうげん》の百万は、義声、感激し、方に大挙せんと欲するも、奄《にわ》かに父と兄を喪い、垂成《すいせい》の功をして、一簣《き》を獲らしめず。居りて諒闇《りょうあん》に在り、兵甲を動かさず、是を以て偃息《えんそく》して未だ捷《えら》れず。今に至るまで甲を練《ね》り兵を治めて、父兄の志を申《のば》さんと欲す。義士・虎賁《こほん》、文武、功を效《いた》し、白刃、前に交るも、亦た顧みざる所なり。若し帝徳の覆載《ふくさい》を以て、此の強敵を摧《くじ》けば、克《よ》く方難を靖《やす》んずること、前の功に替わる無し。

窃《ひそ》かに自ら開府儀同三司を仮し、其の余は咸《み》な各《おのお》の仮授し、以て忠節に勤めん。】

この上奏文は、完璧と言ってよい正統漢文である。四字句を基本として、対句も意識しており、日本的漢文の臭い、倭習がしない。このような漢文がはたして当時の雄略天皇もしくは周辺の倭人が作文することができたのであろうか。

かかる文章を作成するには、⑴宋以前の古典の中ですでに使用されている熟語に精通している。⑵経書をはじめとする書に典拠をもつ四字の句を引用する。⑶典拠に基づき比喩的成句となった表現を暗記し成熟している。こういったことが条件となる。

⑴は「祖禰」(『礼記』喪服小記「尊祖故敬宗。敬宗所以尊祖禰也」)、「朝宗」(『尚書』禹貢「江漢朝宗于海」)をはじめ、右原文の傍線をひいた二字の熟語である。

⑵は、傍線部の典拠をもつ四字句、つまり「躬擐甲冑。跋渉山川」(『左伝』成公十三年「文公躬擐甲冑。跋履山川」)、「不遑寧処」(『詩経』召南・殷其靁「召南之大夫遠行従政、不遑寧処」)「垂成之功」

（『三国志』呉書・薛瑩伝「実欲使卒垂成之功、編於前史之末」）などの表現。

⑶は、「控弦百万」、「不獲一簣」の成句である。「控弦百万」は、「弓の弦を控きしぼる」という原義から、勇猛果敢な兵士を意味する比喩表現として『史記』匈奴列伝、大宛列伝、『漢書』霍去《かくきょ》病《へい》伝などの史書に散見する常套句である。そして「不獲一簣」、私は何よりこの句に注目したいのだが、これは『論語』子罕《しかん》「子曰く。譬《たと》えば山を為るが如し。未だ一簣を成さざるも、止むは吾が止むなり」をふまえたもので、「もう一息で成就するのに、中断した」という意味である。

以上の文章表現は、経書をはじめとする書籍を渉猟し頭の中に入れて置き、適宜それを引き出すという操作をもって初めて可能となる。とくに、『論語』を踏まえる「不獲一簣」を倭王武の上奏文のこの場所に嵌め込むことは、典籍に関しての相当の学識と作文能力がなければ――「読書人」と呼ばれた中国の知識人は、それが当たり前であったのだが――絶対に不可能なのではないだろうか。

雄略天皇の五世紀後半、日本列島には漢字が伝わってきており、漢字を用いた表記が行われていたことは、雄略天皇の名「ワカタケル（獲加多支鹵大王）」が読み取れた熊本江田船山古墳出土大刀、埼玉稲荷山古墳出土鉄剣が物語る。

【稲荷山古墳出土鉄剣】

辛亥年七月中記。乎獲居臣。上祖、名意富比垝。其児多加利足尼。其児名弖已加利獲居。其児名多加披次獲居。其児名多沙鬼獲居。其児名半弖比。（表）
其児名加差披余。其児名乎獲居臣。世々為杖刀人首、奉事来至今。獲加多支鹵大王寺、在斯鬼宮時、吾左治天下。令作此百練利刀、記吾奉事根原也。（裏）

辛亥年七月（四七一）中記。乎獲居臣（オワケオミ：小別臣）。上祖、名は意富比垝（オオヒコ：大彦）。其の児、多加利足尼（タカリノスクネ：宿禰）。其の児、名は弖已加利獲居（テヨカリワケ）。其の児、名は多加披次獲居（タカヒシワケ）。其の児、名は多沙鬼獲居（タサキワケ）。其の児、名は半弖比（ハテヒ）。其の児、名は加差披余（カサヒヨ）。其の児、名は乎獲居臣（オワケオミ：小別臣）。世々、杖刀人の首となりて、奉事して（来）今に至る。獲加多支鹵大王（ワカタケルオオキミ）の寺、斯鬼宮（シキノミヤ）に在る時、吾れ天下を左治す。此の百練利刀を作らしめ、記す、吾が奉事の根原を。

【江田船山古墳出土大刀】

台天下獲□□□鹵大王世、奉事典曹人、名无□弖、八月中、用大鉄釜、幷四尺廷刀。八十練、□十振、三寸上好□刀。服此刀者、長寿子孫洋々、得□恩也。不失其所統。作刀者、名伊太□、書者張安也。

天の下、台（治）らしめし獲□□□鹵大王の世、奉事典曹人、名は无□弖、八月中、大鉄釜を用い、四尺の廷刀を幷わす。八十たび練り、□十たび振《う》つ。三寸上好の□刀なり。此の刀を服する者は、長寿にして子孫洋々、□恩を得るなり。其の統ぶる所を失わず。刀を作る者、名は伊太□、書する者は張安なり。

銘文は、漢文ではあるが、和語の音を漢字で表記した字音仮名で表記された固有名詞、官職名の羅列が主体であり、極めて初歩的な作文であり、「書者張安也——書する者は張安なり」との五字で結ばれている。張安は刻字工の名前ではなく、銘文作成者の名前と考えられ、張安という姓名は倭人ではない。

（倭国）文字は無く、唯だ木を刻み縄を結ぶことで意思を伝達していた。仏法を敬い、百済から仏経を得て、始めて文字を習得した。

これは、『隋書』東夷伝・倭国の記すところである。百済から仏教が伝来したのは、五五二年のころ、欽明天皇《きんめい》（五四〇－五七〇）の時代であった。「百済から仏典が伝わり、そこで始めて漢字を習得した」という『隋書』の記載はいささか誇張があるとしても、仏教伝来の六世紀においても倭人は漢字・漢文に習熟していたわけではないこと、仏教経典の舶来が漢文の浸透に寄与したことは、確かであろう。

倭王武の上奏文のような典拠を縦横に駆使した正統漢文を倭人がものしたとは考えられないのである。また、上奏文の典拠となる漢籍が倭王武の時代に倭国にすべて伝来していたと見るのも無理がある。

有名な伝承として、応神天皇（二七〇－三一〇）の時代に百済からの渡来人である和邇《わに》（王仁）が、『論語』一〇巻と『千字文』一巻を伝えたと言われている（『古事記』応神記）。しかし、『千字文』は、六世紀南朝梁の時代に周興嗣《しゅうこうし》が編纂したものである。もっとも、魏の鍾繇《しょうよう》（一五一－二三〇）の撰という説もある。しかし、『千字文』が梁以前に作られたという確かな証拠はなく、『千字文』の原本が梁以前にあったという説は南朝では存在しなかった。『千字文』は周興嗣撰であることは、疑念を差し挟む余地はない。本文次頁でも紹介する『続日本紀』桓武天皇延暦九年の条文には、応神天皇期の書籍伝来を記しているが、ただ「始伝書籍（始めて書籍を伝う）」とのみあり、『論語』『千字文』の書名はない。

『論語』に関しては、近年、徳島市国府《こくふ》町観音寺地区、奈良飛鳥池、秋田城跡、明日香村《あすかむら》石神《いしがみ》遺跡などから多面体の木簡に記された『論語』が発見されている。これらは朝鮮半島出土の『論語』木簡と共通性があり、中国本土ではなく、朝鮮半島から伝わってきたものと考えられる。ただ、その時代は七世紀に降り、四世紀の応仁天皇、五世紀の雄略天皇の時代では、ない。

ならば、完璧な正統性を有するかの「倭王武の上奏文」は、誰の手によるものなのか。やはり、それは朝鮮半島からの渡来人と考えるべきであろう。

すでに本書で言及したが、四世紀から五世紀にかけて、倭は積極的に朝鮮半島に進出していく。その過程で百済との交流が深まり、百済から「化来（おのずからにもうくる）」してくる所謂「渡来人」を倭は積極的に受け入れ、朝廷に召し抱えられた百済人は、少なくなかったであろう。『続日本紀』桓武天皇延暦九年七月辛巳には、百済貴須《きす》王を祖先にもつ渡来人百済王氏・津真道《つのまみち》らが朝臣《あそん》の姓の賜与を求めた上奏が見え、そこでは、真道らが百済からの有識者が応仁、仁徳期に倭国の「文教の興」に貢献したことを述べている。

『日本書紀』雄略天皇十年（四六六）には、「秋七月。百済国より逃れて化来する者あり。自ら貴信と名乗った」との記事が見える――『日本書紀』は、つづけて、「貴信は呉の国の人と称す」という。呉とは中国南朝のこと。中国宋から百済に移ってきたということなのであろうか――。『日本書紀』の記事の史実性、貴信なる人物の実在も含めて正確なところは分からないが、高句麗の侵攻が続く蓋鹵王時代の政治的不安定さが、百済の知識人――後の継体《けいたい》天皇（在位五〇七‐五三一）の時代、『日本書紀』に散見する百済の五経博士にそれは繋がる――の渡来を促進したことを物語る史料として読むことは、十分に可能であろう。
五世紀、倭の五王の段階では、漢文の理解、作文はまだ百済から渡来してきたかかる知識人に頼らねばならなかったのである。

ⅱ 石上神宮所蔵の七支刀

百済と倭の交流に関して、いま一つの資料を取り挙げたい。それは、奈良天理市石上《いそのかみ》神宮に伝わる七支刀である。刀身の左右に三本ずつの枝状の刃がある刀剣の裏と表には、次のような文章が刻まれている。

泰□四年五月十六日、丙午正陽、造百練□七支刀、□辟百兵、宜供供侯王、□□□□作

（裏）

先世以来、未有此刀、百済王世□、奇生聖音、故為倭王旨造、伝示後世

表裏合計六十一字のうち、摩滅して判読不能のもの、字のごく一部しか残っていないものもあり、明治時代から今日に至るまで多くの研究者が様々な解読を試みてきた。
銘文からこの刀が百済から倭に贈られたものであると大方は読み取り、私もそれに異論はないが、

問題はその時期である。ことがらは、冒頭の紀年「泰□四年」の解釈にかかるのだが、最も重要な「泰」の次の文字が、僅かに一線が読み取れるか否かの程度まで損傷がすすみ、年代の確定ができないのである。

解読について発表された諸説をここで取り挙げて逐一批判することはしないでおくが、論争の結果、冒頭の四字を東晋太和四年（三六九）とみるのがほぼ定説となり、日本史の概説書は全てそれで一致していると言ってよいかもしれない。しかし、どうして、そう言い切れるのか、私には理解できないのである。

『日本書紀』神功皇后摂政五十二年（二五二）九月に「百済が久氐《くてい》等を遣わして七枝刀一口、七子鏡一面をはじめとする宝物を友好の印として献上した」と「七支（枝）刀」が記されている。『日本書紀』の紀年に関して、神功、応神の二代の紀年は一二〇年のずれがあり、壬申の年は、東晋咸安《かんあん》壬申年（三年、三七二）、百済の肖古《しょうこ》王（近肖古：在位三四六－三七四）の時代にあたり、東晋太和四年に近いということが、東晋太和説の底流にあるのかもしれない。しかし、一二〇年の紀年のずれが、『日本書紀』の三世紀の記事に普遍的だといえるのかとなると、必ずしもそうではない。本書ですでに挙げた景初三年の記事は神功皇后摂政三十九年（二三九）に記載されており、そこにずれはない。『日本書紀』の史料的信憑性、年代比定等々からして、神功紀の記載をもって考証の出発点とすることは危ういのではなかろうか。

石上神宮の七支刀に関していえば、第一番目の「泰」は確かにそう判読でき、異論を差し挟む余地はない。「泰」に続く字は、解読当初からすでに判読できない状態であり、件の字を「和」と釈読するのは、実見からではなく、類推でしかない。最近のX線の調査でも、この二字目の文字は、判読不可能となっており（村山正雄『石上神宮七支刀銘文図録』）、「和」とみなす根拠はない。

では、なぜ、和とするのか、それは、僅かに残っていた縦線を「禾」の一部であると主観的に憶測したこと、泰に導かれた年号のなかで、「丙午」に相当する日が存在しないからということが主たる理由であった。

よし、「和」とみても、「泰和」という年号はない。そこで、「泰」は「太」に通ずるとして、「太和」とみて、東晋の太和四年（三六九）に比定する。憶測の上に憶測をかさねて東晋太和四年が導き出され、そこから倭と百済、百済と中国晋の関係の分析がおこなわれ、七支刀が倭に与えられた背景を考察していき、通説として確定したと言ってよい。

そこまでして「太和」説になぜ固執せねばならないかが私は理解できないのである。

いったい、「五月丙午」は鏡や刀剣などを鋳造するに当たっての吉祥語であり、必ずしも月日の同定を考慮に入れる必要が無い。となれば、年号と日付の不整合から「泰」を排除する根拠は脆くも瓦解する。最初の「泰」は目視できる以上、敢えて「太」に読みかえなくても、「泰」を冠する年号の中で、合理性をもつ年をまず考えるべきではないだろうか。

「泰」をそのまま認めると、宋泰始四年（四六八）がそこで浮上してくる。前項で述べたように五世紀中葉の泰始年間は、倭王武の時代であり、「都督倭・百済・新羅・任那・加羅・秦韓・慕韓七国諸軍事」を宋に要求して、その称号を以て朝鮮半島進出を謀った時期にあたる。また百済蓋鹵王が北の高句麗の侵寇に苦しんでいた時代であった。七支刀は、かかる倭と百済の国際情勢のもと、百済から倭に同盟と援助を期待して贈られたものと考えることに何の問題があろうか。

ではその七支刀の銘文はどう読めばいいのか。銘文の語句を考証しつつ若干の私見を述べてみたい。

「宜供供侯王」：「宜侯王」（宜しく侯王たるべし。侯王に宜しく）は、「如侯王」とも書かれ、銅鏡や刀剣銘文などの最後の吉祥的結句である。「侯王」は、『史記』陳渉世家に「王侯将相、寧有種乎」、『漢書』陳勝伝に「侯王将相、寧有種乎」、『老子』三二章「侯王若能守之、万物将自賓」などに用例が見られ、「王侯」「侯王」は同じ意味で、特別な官名もしくは称号ではなく、上に立つ者という普通名詞である。「宜侯王」が成句である以上、「供供」は侯王を修飾する二字の連綿詞と解釈せねばならない。

「供」は、「拱」「恭」に通じ、『詩経』大雅・抑《よく》「温温恭人、維徳之基」にいう「ゆったりとして柔和」、『尚書』武成「垂拱而天下治」、『漢書』王吉伝「大王垂拱南面而已」の「垂拱」（悠然と手を拱く）、「供供侯王」は、「悠然と構える王」を意味するのであろう。

「先世以来」:「先世」は先代、先人。「自先世以来」が成句で、『後漢書』列伝四三「夫修徳立行、所以為国。自先世以来、勳寵相承、君独何為守東岡之陂乎」。『晋書』東夷伝「其国殷富、自先世以来、未嘗被破。其王印文称穢王之印」など外典《げてん》(漢籍)の用例は枚挙に暇ない。仏教用語との説もあるが、従えない。

百済王世□:「世」の下の一字は、判読不能。一説には「世子」とするが、断定できず、このままにしておく。

「奇生聖音」:さまざまな説が出されているが、「奇生」は「寄生」に通じ、「身をよせる」「頼みとする」で、後の時代の用例であるが、菅原道真「為小野親王重謝別給封戸第三表」(『菅家文草』巻一〇、『唐文続拾』巻一六)に「臣寄生者陛下、将終始於一心、臣師事者世尊、何屈申於両舌」と「臣師事」と対になる熟語としてみえる。「聖音」の「音」は「晋」との釈読もあるが、最近のX線による調査では「音」が正しいとする(既出 村山書)。聖音の「音」は「意」に通じ、聖王の意思(百済王の意向)の意味であろう。『管子』内業「不可呼以声、而可迎以音」(王念孫『管子雑志』に「音即意字也。言不可呼之以声、而但可迎之以意。…意、音声相近、故意字或通作音」との注があり、黎翔鳳《れいしょうほう》『管子校注』も王説に従う)。

「為倭王旨造」:「旨造」の二字は「奉旨造」の省略とみるのが自然である。「奉旨造」「被旨造」は、六朝期にはその用例を検出できないが、趙宋以後の文献では、多くの例がある。「奉旨」に限れば、『宋書』をはじめ六朝期の典籍に散見する。

「百済王（蓋鹵王）に献身し、その聖旨を奉じて倭王のために作成する」、これが「奇生聖音、故為倭王旨造」の意味である。

右に示した用例をふまえて、次のように私はこの銘を読みたい。

泰（始）四年五月十六日、丙午正陽、百練□七支刀を造る、百兵を□辟し、宜しく供供たる侯王たるべし、□□□□作。

先世以来、未だ此の刀あらず、百済王世□、聖音に奇生し、故に倭王のために旨もて造り、伝えて後世に示す。

以上、倭王武の上奏文と七支刀の二つの史料を取り挙げてきた。両者はともに、倭王武（雄略天皇）の時代、百済と倭の外交関係が背景になっている。泰始四年（四六八）に造られ倭王に贈られた七支刀には、倭王が王たるにふさわしい（宜供供侯王）度量をそなえていることを称え、そこから高句麗の侵攻に悩む百済への援助の期待が透けて見える。

七支刀が贈られた十年後に倭から宋にむけての上奏文がものされる。それは倭王武が宋へ称号賜与を求めたものであるが、文書作成には百済からの渡来人が与ること大であった。その三年前に、高句麗により蓋鹵王は殺害されて百済は滅亡した。倭王武の上奏文に記された高句麗に対する敵愾心は、倭とともに百済が抱くそれであり、上奏文には百済の強い意志が込められていたといえるのではないだろうか。あえて、「都督倭・百済……七国諸軍事」と、倭の傘下に甘んじることを認めてでも。さらに想像を逞しくすることが許されるならば、その十年前の七支刀、六本の枝刃と刀身、それは倭を中心とした七国を象徴しているのであろうか。しかしこれは、根拠のない私の思い付きでしかない。

ただこのことは確かである。前項の最後に「官制の複雑な仕組みと官品の構造を当時の倭国が知悉していたのはなぜか」との問いを提示したが、ここにきて明らかであろう。それは、半島からの渡来人、特に百済からの知識人を通してその情報を得ることができたからである。

第五節　疎遠の六世紀――南朝中華主義の没落

一　南朝梁と倭国

倭の五王の時代を経て、倭国は継体天皇、欽明天皇の時代になり、中国南朝は、短命の王朝であった南斉（四七九－五〇二）から梁（五〇二－五五七）へと移り変わっていった。梁の創始者である蕭衍《しょうえん》（梁武帝：在位五〇二－五四九）の治世は、南朝の王朝の中では珍しく五十年ちかく続き、『文選《もんぜん》』、『文心雕龍《ぶんしんちょうりょう》』『詩品』など詞華集、文学理論書などが世にでて、また陶弘景《とうこうけい》（四五六－五三六）が道教の代表的な書『真誥《しんこう》』七篇を著した。とりわけこの時代に盛行したのは仏教であった。

かく、南朝梁は一時期の繁栄を迎えたが、梁と倭の交流に関しては、記すべき事象が誠に乏しい。武帝即位の天監元年（五〇二）、倭王武に征東大将軍の将軍号を与えたという記事が残るだけである。

戊辰、車騎将軍高句驪王高雲、号を車騎大将軍に進む。鎮東大将軍百済王余大、号を征東大将軍に進む。安西将軍宕昌王《とうしょうおう》梁弥頒《りょうびかん》、号を鎮西将軍に進む。鎮東大将軍倭王武、号を征東将軍に進む。（『梁書』武帝紀、『南史』倭国伝は「征東大将軍」につくる）

進号は、倭だけを対象にしたわけではなく、高句麗、百済など周辺諸国に対して行ったもので、武帝即位に際しての権力誇示の即位儀礼の一環だとみてよかろう。これに先立ち倭王武からの朝貢があったのか、さらに倭王が進号に対してどう反応したのか、分からない。

この記事をもって、南朝梁そして陳の王朝と倭との交流に関して史料は何も語らなくなる。武帝は天監七年（五〇八）には、大がかりな制度改革を行ない、外国に与える将軍号も十品二十四班か

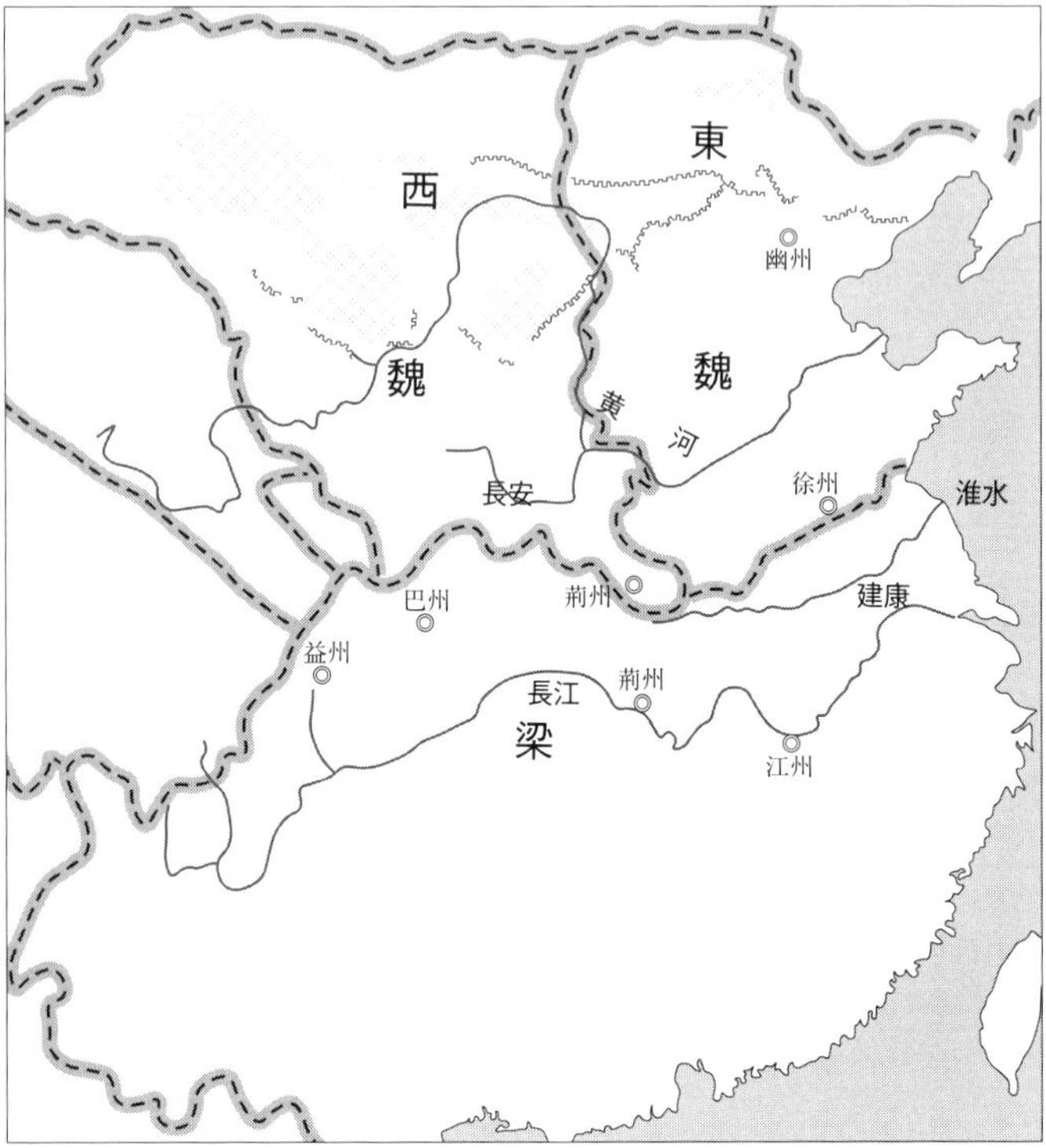

図 11　梁の領域

らなる新しい将軍号が設けられ、これまでの四征将軍は四撫将軍となり、倭王に与えられた征東将軍は撫東将軍に名称が変わる。ただ、倭王に撫東将軍が改めて与えられたという記事は見えない（高句麗王には、天監七年に撫東大将軍が与えられ、百済には普通二年（五二一）に鎮東大将軍から名称が変更になった寧東大将軍が改めて授与されている）。

おそらく倭からの朝貢と中国王朝からの称号賜与は、あればそれが正史に記載されているはずであり、やはりなかったのだと見てよいだろう。宋に対しては、あれほど執拗に求めた称号であったが、潮が引くように倭の要求がなくなってしまったのは、なぜだろう。

六世紀の倭と梁との関係の疎遠、そこには複合的要因があったと私は考えている。

まず第一に考えられるは、梁の版図が東晋と同じく淮水以南にまで後退したことである。ただ、宋末の倭王武の時にも、すでに南朝王朝は淮水の北、山東半島一帯を失ってしまっていた。東晋の時代よりも朝鮮半島から山東沿岸経由で建康をめざす航路は開拓され、また航海術も進歩したと考えられ、それ故、倭王武も宋の末期に上奏を行うことも可能であった。したがって、北魏の存在が行路の不便さを招き、そこから交流の機会が減少したことが全く影響しなかったわけではないが、それを主要な原因にすることはできない。

第二は、倭の国内政治である。雄略天皇のあと、六世紀は、継体天皇から欽明朝へと続く一世紀であった。継体天皇に関しては、出身地、即位事情、謎の多い死亡原因と死亡年などから、日本古代史の分野ではこれまで様々な憶測が為されてきた。継体天皇の王位簒奪、継体死後、欽明天皇と安閑《あんかん》・宣化《せんか》天皇が対立して並立王朝となったとか、国内に混乱がおこったといった説が出されているが、どれも実証性に欠ける。しかし、『日本書紀』の継体二十一年六月の条に見られる筑紫での磐井《いわい》の乱に代表される中央と地方豪族の対立抗争、ヤマト政権の地方支配体制の確立にむけて内政が揺れ動いた時期だったことは確かである。

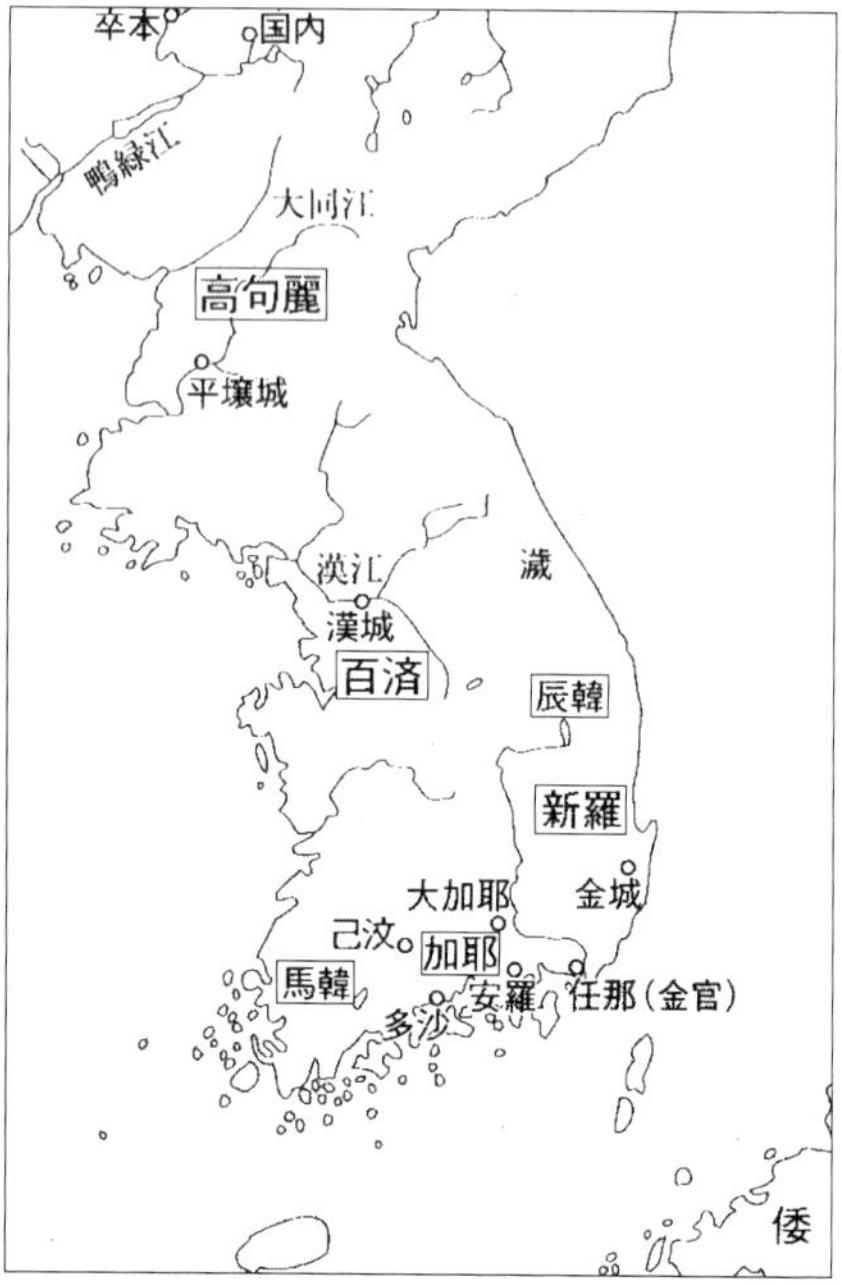

図12　5世紀後半の朝鮮半島

第三は、六世紀の半島情勢があげられる。内政が落ち着かない継体、欽明朝に拍車をかけたのが百済、高句麗そして新羅の朝鮮三国の対立抗争であり、内政の不安定を外交によって解決しようとしたからか、倭がそれに深く関わっていったことである。百済と倭は四・五世紀から交流をもっていたが、六世紀、武寧王の時代に入ると先に述べたように継体天皇七年（五一三）以降、百済から五経博士がしばしば渡来し、その子聖王（聖明《せいめい》王）の時代には仏教が伝えられる。その頃から百済と北の高句麗の間の緊張が高まり、やがて全面戦争に発展、百済は倭に援軍を求めてくる。そこに新興国の新羅が勢力を拡大せんとして百済に攻め込み、迎撃する聖明王は戦死してしまう。五五四年のこととされ、『日本書紀』はそれを欽明十五年の条に記している。

確かに、『日本書紀』継体紀と欽明紀は、ことのほか朝鮮半島の情勢を詳しく記している。それが史実かどうかはさておき、朝鮮三国の記載の多さと詳しさは、いかに倭国が半島の抗争に関わっていたのかを物語るものであろう。

何よりも指摘せねばならないのが、新羅の台頭である。五〇〇年に智証《ちしょう》が新羅王（在位五〇〇－五一三）となり、法興王《ほうこう》（在位五一四－五三九）の時代には、高句麗、百済との抗争のなかで勢力を拡大し、領土を拡大させていった。その勢力は朝鮮半島の南端、金官国（金海）、加耶（羅）諸国におよび、五三二年に金官国は新羅に降伏し、その後三十年して加耶諸国は消滅してしまうことになる。

倭にもっとも近接し、倭が半島への進出の足がかりとしていた金官国、加耶諸国の存亡は、倭にとって座視することはできない。五四〇年代になり金官国滅亡をめぐり百済、加耶諸国そして倭が対策を協議することになる。いわゆる「任那《みまな》復興会議」であるが、ことがらは、欽明朝を通じて倭にとっての重要外交課題となって続いていき、解決できないまま欽明天皇はなくなる。

朕の疾、甚だし。後事を以て汝に属《ゆだ》ねん。汝、須らく新羅を打ち、任那を封建すべし。

駆けつけた皇太子（敏達《びだつ》天皇）の手をとっていった欽明の臨終の言葉として『日本書紀』欽明天皇三十一年四月は伝えている。

かく、倭国はこの時期、朝鮮半島の対応に多くのエネルギーを費やさざるを得なかったこと、これが第三の理由なのだが、中国との疎遠を招来したより根本的な第四の理由があった。

第四の理由、それは、倭が宋にあれほど強く要求した中国の官品、それが江南王朝の弱体化と異民族国家北魏の強大化により、東アジア世界の盟主としての中華帝国の存在感が薄れ、それに伴って中華が賜与する称号に魅力が無くなってしまったことである。

倭だけではない。高句麗は北魏との関係に腐心し、文咨王《ぶんし》（在位四九二–五一九）から平原王（在位五五九–五九〇）にかけての六世紀には、高句麗はほぼ毎年北魏、北斉に朝貢の使者をおくり、南朝との関係は誠に希薄であること、『三国史記』高句麗本紀には歴然とそれが表れている。ことがらは、百済においても同じい。『南史』『梁書』『三国史記』ともに普通二年（五二一）使持節都督百済諸軍事、寧東大将軍、百済王を武寧王余劉《よりゅう》に与え、彼の死後、普通五年（五二四）聖明王に持節督百済諸軍事、綏東将軍、百済王の称号を認めた記事をもって百済への称号賜与はとだえる。

新興の新羅にいたっては、『梁書』諸夷伝によれば、普通二年（五二一）に百済に従ってはじめて奉献したとあるが、称号賜与の記載はない。

朝鮮三国にとっても、また倭にとっても、南朝梁から与えられる称号は魅力のないものとなってしまったのである。換言すれば朝鮮半島をめぐる支配権の抗争は、称号を大義名分とした時代から、実力に頼む名分なき抗争へ突き進んだと言ってよい。新興国新羅の参入と軍事力が一層それに棹さしたと考えられる。

以上が倭と中国南朝との交渉が六世紀にはいると疎遠となってしまった原因である。ただ、ここに倭が梁に対して変わらぬ朝貢をしていたということを描いた図が伝わっている。梁「貢職図《こうしょくず》」、一名「職貢図《しょっこうず》」といわれる絵画に他ならない。

二　中華主義への憧憬と観念的倭——職貢図

職方氏《しょくほうし》は天下の版図を定め、四夷・八蛮・七閩・九貉などは、古い昔からその依って来る由来をもっている。漢代以来、南羌《きょう》が従わず、西域は力に訴えて、凌駕しようとした。金城を築き、玉門関を開き、夜郎を撃ち、日逐《にっちく》を制圧し、犀の皮の鎧を耳にすると、珠崖《しゅがい》郡を設立し、葡萄を耳にすれば、大宛《だいえん》と通交した。徳をもって遠くの国を懐かせたというのは、以上のことに他ならない。

皇帝は天下に君臨して四十年、衣服を垂らしたまま無為にして万民に頼られ、宮殿に鎮座して万国を輝かされた。山壁に梯をかけ海を渡り、拱手して膝を屈し、雲気を占って日輪を望み、通訳を重ねて遠路からやってきたのである。

臣は不束なるも、陛下の御幸にお供をしたが、夷狄の歌は美しく奏《かな》でられ、胡人は遠くから集まってきた。関門を叩き、跪《ひざまず》いて平伏し、長江を荊門《けいもん》山まで遡ってきたのである。その容貌を目にし、その風俗を尋ねたのだが、中には建康に来朝しても、沔水《べんすい》の南の荊州《けいしゅう》まで足を運ばないものがあったかもしれず、その場合は別に調査をして、見聞を広めた。名付けて貢職図とする。

『芸文類聚《げいもんるいじゅう》』巻五五・雑文部・集序に採録されている梁・元帝（蕭繹《しょうえき》：在位五五二―五五四）の「職貢図序」である。序文によれば、武帝の第七子である蕭繹が父の即位四十年を祝って武帝の徳に帰順した周辺の異民族国家を描いた絵画であり、自身の任地である荊州まで異民族国家の使節はやってきた、かれらの容貌・風俗を目にして描いたという。

『梁書』元帝紀には、学問に秀でた元帝の著作として、孝徳伝三〇巻、忠臣伝三〇巻、丹陽尹《たんよういん》伝一〇巻。注漢書一一五巻、周易講疏一〇巻、内典博要一〇〇巻、など二十種にのぼる書物をあげ、その中に「職貢図」（『梁書』は「貢職図」に作る）が含まれている。

今日、職貢図の原図は残ってはいないが、次の四種の模写が伝わっている。(1)五代南唐顧徳謙《ことくけん》模写（台湾故宮博物院蔵）(2)宋熙寧十年（一〇七七）蘇頌《そはん》模写（元南京博物院、現北京国家博物館蔵）(3)伝唐閻立本《えんりつほん》「王会図」（台湾故宮博物院蔵）(4)清乾隆四年（一七三九）張庚《ちょうこう》模写「諸番職貢図」（所在不明：葛嗣浵《かつしとう》（一八六七―一九三五）が題記のみ採録）。

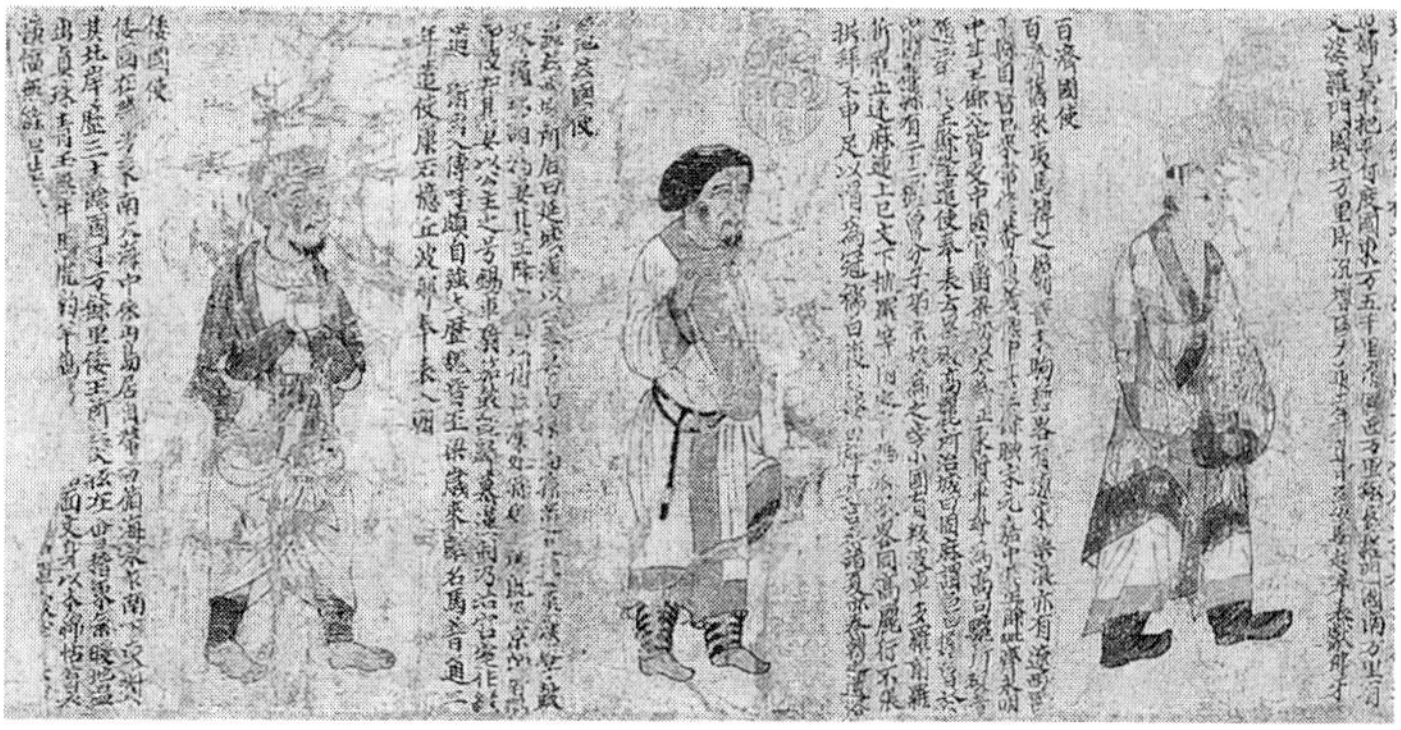

図13　職貢図（宋熙寧十年蘇頌模写本）

職貢図は、朝貢してきた使者の容姿を描いた図と国名、各国の風俗などを説明した題記から構成されているが、四種のなかで国名・題記・図がそろっているのは、⑵の蘇頌模写図のみである。原図には『梁書』諸夷伝にあがる三十五国が描かれていたと考えられるが、四種の模本から確認できる朝貢国の数は、⑴三十三国、⑵二十五国、⑶二十四国、⑷十八国と差がある。

一九六〇年代に南京博物院蔵の⑵が発見されて以降、今日に至るまで多くの研究成果が発表されてきた。とりわけ、日本史の研究者は興味をもってこれを取り挙げてきた。それは他でもない「倭国」の使者がそこに描かれ、倭の風俗にかんする題記が記されているからであった。

いま、この職貢図模本について、行論のうえから、次の二点を取り挙げ私見を述べることにしたい。一つは、描かれている倭国は、実際に梁武帝期に建康へ朝貢使を派遣したのかについて。二つめは、梁元帝がなぜ職貢図を作成しようとしたのか、その意図である。

前者をめぐっては、倭の使者は実際に入朝したものではなく想像の図であること、諸家が指摘しており、私もそれに異論はない。

すでに述べたように、梁と倭の交流に関しては、武帝即位の天監元年（五〇二）、倭王武に征東大将軍の将軍号を与えたという記事が残るだけで、その後の交渉を語る史料はない。天監元年の将軍号賜与も、朝貢の記事はなく、また賜与の後も倭国からの反応は記されていない。梁と倭のかかる疎遠とその理由はすでに言及した。

加えて、職貢図に描かれた倭の使者の容姿も百済、高句麗などの使者と比較すると、素足で粗末な服装であり、現実の風俗と間隙がある。実際に目にしたものではなく、想像によるものであることは明らかである。それは、倭を説明した題記からもうかがえる。宋熙寧十年（一〇七七）蘇頌模写「職貢図」に残る文章は次のような七十余字を残す。原文のみあげる。


倭国、在帯方東海中、依山島居、自帯方循海水、乍南乍東、対其北岸、歴三十余国、可万余里、倭王所□□、在会稽東、気暖地温、出真珠青玉、無牛馬虎豹羊鵲、□□□□、□面文身、以木綿帖葛衣、横幅無縫、……

一見して分かるように、文章は「魏志倭人伝」、『魏略』をもとに書かれたもので、梁において得られた情報、つまり「その容貌を目にし、その風俗を尋ねた」（「職貢図序」）という説明は、説得力が乏しいと言わねばならない。職貢図に描かれた倭人の容貌、題記の内容がそれを如実に物語っている。本書で提示した概念をもって言えば、それは観念的倭に他ならない。

来朝してもいない倭人をなぜここに描いているのか、ことがらは第二の問題、つまり職貢図制作の意図とかかわろう。

職貢図は、先に挙げたように元帝蕭繹が荊州刺史であったとき、父武帝の即位四十年を記念して作製したのであるが、職貢図に先立つものとして、武帝自身が裴子野《はいしゃ》（四六二－五二八）に勅して描かせた「方国使図《ほうこくしず》」があった。

勅を下して、方国使図を描かせ、辺境の地、海の向こうから帰順してきた異国が二十国の多きに至る、その盛大さを示した。

『南史』裴子野伝

武帝の「方国使図」に倭国が描かれていたのかどうか分からない。しかし、ここで留意しておきたいのは、この「方国使図」は武帝の勅撰であり、二十国の朝貢国を描かせ、それでもって夷狄の帰順を喧伝する意図がそこに込められていたということである。中華世界の喧伝は、絶域の地からの朝貢を誇示し、必ずしもそれが事実である必要はないこと、我々はすでに漢武帝期の夜郎、康居、さらには「倭国の極南の奴国」の記事で知っている。梁武帝の「方国使図」も同様であり、江南での中華帝国の隆盛をことさら主張しその正統性を訴えた図であったのだ。

『南史』裴子野伝によれば、普通三年（五二二）に西北の異民族国家の白頭が朝貢してきたことが切っ掛けとなり、武帝が裴子野に作製を命じたとあることからすれば、「方国使図」は、武帝の最盛期であった普通年間に描かれたとみてよい。元帝「職貢図」は、その流れの上に位置する朝貢図とされるが、しかしながら作製の背景は「方国使図」とは、似て非なるものであった。

蕭繹（元帝）が荊州刺史となったのは、普通七年（五二六）から大同五年（五三九）までの間、および太清元年（五四七）から承聖元年（五五二）の皇帝即位までの五年間である。蕭繹の序文には、「皇帝は天下に君臨して四十年」とあり、即位四十年は大同八年（五四二）にあたることから二度目の荊州刺史となった五四七年から武帝が亡くなる五四九年までの二年間に狭められてくる。ではその時期に梁王朝をめぐる歴史はどのような変化があったのか。

太清元年（五四七）という年は、繁栄を謳歌していた梁が急転直下、奈落にむかって転落していくその始まりの年であった。

この年、東魏（五三四年に北魏が東西に分裂し、のちの北斉となる東魏と北周につながる西魏に分かれた）の将軍である侯景《こうけい》という男が支配下の淮北河南の地を手土産にして亡命してきた。喜んで受け入れた武帝は侯景を河南王にし、返し刀さながら十数年におよんだ北との和平を破棄し、大規模な北伐に打って出たのである。

結果は、かつての宋元嘉年間の北伐（本書九二頁）の二の舞、軟弱貴族国家梁は、散々たる敗北を喫す。追い打ちをかけるがごとく、身の危うさを覚えた侯景が、翌五四八年に寝返って建康を攻撃し、武帝側は五ヶ月近い籠城の末、都は落城、武帝は悲惨な最期を迎える。五四九年のことであった。

蕭繹「職貢図」がかりに武帝生存中のものであったとすれば、まさに侯景の亡命から反乱の時期にあたり、完成が死後であるとすれば、建康陥落から、五五二年の侯景が捕殺された混迷の三年間に描かれたとなる。いずれにしろ、朝貢の使節が荊州に訪れることなど考えられない。にもかかわらず、蕭繹の序文に「漢南（沔水の南）」「荊門」といった荊州を暗に示す語がでてくること、いささか戸惑いを覚える。

蕭繹（元帝）は、幼少期から利発で聡明な人物であった。片目が不自由であったことから父武帝に溺愛され、成長するに従いその才を発揮していく。ただ利発な人間にありがちな上昇志向の強さ、打算的で狡猾さを備えていた。それが露骨に表れたのが建康包囲の時であった。救援の要請を受け、精鋭とされた軍を率いて荊州から出陣したものの、侯景軍と戦わずして、引き上げてしまう。父武帝が亡くなった後も荊州にとどまり建康には行かず、代わりに父の木像を刻み、殿中に安置して、朝夕拝礼して動静を報告したという。また武帝逝去後も武帝時代の年号太清を自身では使用し、侯景の傀儡簡文帝（在位五四九－五五一）が侯景に殺された後、荊州で即位し新たな元号を「承聖」（聖なる武帝を継承する）とした。それらは、子として父の窮地に馳せさんずることがなかった彼の偽善的パーフォーマンスであったこと、『南史』元帝本紀は、「その虚矯を迹《あと》づけることかくの如し」と切り捨てる。

かかる背景を念頭に、元帝の「職貢図序文」をもう一度読んでみよう。「皇帝の治世四十年を祝う」という言葉は空疎に響き、「関門を叩き、跪いて平伏し、長江を荊門山まで遡ってきた」と、朝貢使が荊州にもやってきたと嘯く言葉に、彼のあざとさが透けて見えるではないか。結局、元帝は荊州江陵を都城として建康には帰らず、承聖年間は僅か三年しか続くことなく、西魏によって江陵政権は滅ぼされた。

「梁職貢図」は元帝が江陵政権の正統性と自己の権威を示すために描かせた朝貢図なのである。したがって実際に朝貢使が建康に、ましてや荊州にやってきたかどうかは問題にはならず、中華主義を誇示することが重要であったのだ。しかし、もはや中華を標榜する実態はなく、彼の中華主義は矮小化された自己宣伝の虚構にすぎず、それが果たしていかほどの効果があったのだろうか。

話が梁の崩壊に偏ったきらいがある。ここで倭と南朝国家にもどろう。

六世紀は倭においても梁においても、それぞれの国内事情に忙殺された一〇〇年であった。また倭にとっては、もはや中国からの称号賜与という中華的大義名分の必要性はなくなり、名分なき実力の時代へと進んでいった。

南朝梁においても武帝治世の初めは栄華を誇ったが、後半は国家の体をなさない混乱を極めた時代であった。中華主義という名に実が伴わず、むしろ華北の北魏、北周、北斉が中国史の主役としての地位を確固たるものとしていった一世紀だった。

虚構となりつつある中華主義を何とか維持せんとする方便が周辺国からの帰順を捏造することであり、素足の倭人がそこに描かれる。つまりそれは実体的倭が後退し、観念的倭がまたもや前面に出てきたと言ってよいであろう。

実体的倭への関心が戻るのは、「梁職貢図」から半世紀ののち、長安に訪れた倭からの使者にその国状・風俗を尋ねた隋文帝の質問を待たねばならない。倭と中国の新たな外交が幕をあける。

第Ⅱ章　第二期　新たな交渉の時代へ——遣隋使から遣唐使へ

第一節　遣隋使

一　最初の使節

西暦五八九年、隋は南朝の陳を滅ぼし、ここに三〇〇年近く続いた南北の分裂時代が終り、統一帝国の時代が始まる。

楊堅《ようけん》（五四一－六〇四）は、北周に仕えていた武将であり、長女を皇太子の妃として外戚となり、北斉の併合（五七七）などで武勲をあげて次第に権力を掌中にして最終的には五八一年（開皇元年）に北周からの禅譲により皇帝に即位する。隋文帝である。

楊氏の祖先は平城（山西省大同）北辺の武川鎮《ぶせんちん》を守る武将であった。一説には鮮卑《せんぴ》系胡族ともいわれているが、北魏以来の胡漢融合で秦漢以来の純血の漢族はなくなり、また陳王朝の滅亡により漢民族の王朝の流れは終焉したと言っても過言ではない。隋そして唐は、北方異民族系の王朝であり、政治体制、文化、思想、風俗はこれまでの南朝の王朝とは異質であったこと、当時の倭がどこまでそれを認識していたのか定かではない。ただ、倭と中華との交渉を考える我々は、これを留意しておく必要があろう。

開皇二十年（六〇〇）、倭からの使節が隋の都長安にやってきた。最初の遣隋使である。

開皇二十年、倭王姓、阿毎、字、多利思比孤、号、阿輩雞弥、使を遣わし闕《けつ》に詣《いた》らしむ。上、所司をして其の風俗を訪ねしむ。使者、言う、倭王は天を以て兄と為し、日を以て弟と為す。天、未だ明けざる時、出でて政を聴き、跏趺《かふ》して坐ず。日、出づれば、便ち理務を停め、云く、我が弟に委ぬ、と。高祖曰く、此れ太《なな》だ義理なし。是に於いて訓《さとし》て之を改めしむ。

『隋書』東夷伝・倭国

ひと昔前までは、最初の遣隋使は、推古十五年（六〇七）七月、小野妹子《おののいもこ》を使節とした遣隋使だとされてきた。それは、『日本書紀』には、右の六〇〇年の遣隋使が記されていないからであった。ただ隋側の史料には右のように明記されており、六〇〇年の遣隋使の存在は、すでに学界では定説となっている。「正式な遣隋使が六〇七年」との説もあるが、「正式」とは何か、国書の有無をいうのであろうか。ただ、隋側では倭が「使を遣わして闕（宮殿の門、転じて皇宮）に詣らしむ」といい、また倭王の姓、号、字などを記していることからすれば、少なくとも倭王（それが誰であるのかはさておき）が派遣した「正式な」使いであったと言っておかしくない。

この時期になぜ倭国が隋に使者を派遣するつもりになったのか。朝鮮半島に目をむければ、新羅が開皇十四年（五九四）、高句麗が開皇二十年（六〇〇）、百済が開皇十八年（五九八）と国々が集中して隋に朝貢の使者を送っている。隋という新たな統一帝国が誕生し中国の存在と半島への影響が大きくなったことから、倭も座視することができずに、とりあえず「使を遣わして闕に詣らしめた」と考えるのが無難であろう。

それにしても、右の『隋書』の記事を読む限り、隋と倭の間の意思疎通が成立していないと言わざるを得ない。

倭王、その姓の和音呼称をめぐっての両国間の理解のくい違い、「倭王は天を兄とし、日を弟とし、夜明け前に政事をおこない、日が出てくれば政務を止めて弟（日）に委嘱する」という使者の返事も、本当にそのような説明をしたのか、倭国の何らかの風習を比喩的に述べたのかもしれないなど、いろいろ穿った解釈もだされてはいるが、「何を言っているのか分からない」との文帝の言葉は、そのまま私の感想でもある。また、『隋書』東夷伝・倭国の初めに紹介されている倭国の風俗、政治は、『隋書』に先だつ史書が述べる内容をこえた新しい情報が記されているわけでなく、倭王武以後の一世紀の空白を物語っていると言える。

七年後の大業三年（六〇七）、有名な小野妹子の遣隋使が再度派遣される。その間の七年間、倭では、六〇一年、斑鳩宮《いかるがのみや》設立、六〇三年、小墾田宮《おはりだのみや》遷宮、冠位十二階制定、六〇四年、憲法十七条制定と矢継ぎばやの制度改革がなされる。「顔を洗って出直してこい」と言われ、また六〇〇年の使節が目の当たりにした大興城《たいこうじょう》の偉容、高度なレベルをもつ法制、官制に刺激されたことが、制度の急速な整備を促したのであろうか。それにしても、中国の官制を熟知していたかの倭の五王の時代とはあまりに差があるように思えてならない。

大業三年、其の王、多利思比孤《たりしひこ》、使を遣わし朝貢す。使者曰く。聞くに海西の菩薩天子、仏法を重んじ興す、と。故に遣わして朝拝せしめ、兼ねて沙門数十人をして来りて仏法を学ばしむ。其の国書に曰く。日出づる処の天子、書を日没する処の天子に致す。恙《つつが》なきや云云。帝、之を覧《み》て悦ばず。鴻臚卿《こうろけい》に謂いて曰く。蛮夷の書、礼なきもの有り。復た以て聞する勿《な》かれ、と。

『隋書』東夷伝、『北史』巻九四　倭

大業三年（六〇七）、小野妹子を使節として派遣した遣隋使に関する記事であり、その中に多利思比孤からの国書の冒頭の部分が引用されている。

二　多利思比孤の国書——煬帝立腹の理由

この国書に対して、時の皇帝煬帝《ようだい》は、「無礼であり以後は取り次ぎしてはならぬ」と外交担当官（鴻臚卿）に命じたという。では、何が煬帝の機嫌をそこねたのか、このことはこれまで多くの研究者が様々な推論を重ねてきた。

一つ留意しておかねばならないのは、「日出づる処の天子、書を日没する処の天子に致す。恙なきや」は、国書の冒頭の挨拶であり、本文がそのあとに続いている。そこには、使者の言葉の「聞くに海西の菩薩天子、仏法を重んじ興す、と。故に遣わして朝拝せしめ、兼ねて沙門数十人をして来りて仏法を学ばしむ」と同じ趣旨のことが書かれていたと考えねばならない。後に取り挙げ詳しく論ずるつもりであるが、『日本書紀』推古天皇十六年八月には、この国書に対して煬帝からの返書が引用されている。

其の書に曰く。皇帝、倭皇に問う。使人の長吏大礼蘇因高《そいんこう》等、至りて懐《おも》いを具す。朕は欽しんで宝命を承け、臨みて区宇を仰ぎ、徳化を弘めて、含霊《がんれい》に覃被《たんひ》せんことを思う。愛育の情、遐邇《かじ》を隔つ無し。知るに、皇は海表に介居し、民庶を撫寧《ぶねい》す。境内は安楽にして、風俗は融和。深気は至誠なり。遠く朝貢を脩めんとす。丹款《たんかん》の美、朕、嘉みするあり。

この中で、「知るに、皇は海表に介居し、民庶を撫寧す……」の「知」は、六朝隋の書信で用いられる往書で述べられた内容を反覆確認する常套語であり、とくに上位者が下位のものに与える書で使われる——下位者が上の者に対しては、「知」のかわりに「承」となる〔安田二郎「王僧虔「誡子書」攷」〈『六朝政治史の研究』〉〕——。『隋書』東夷伝には、「皇介居海表……」は記されていないが、『日本書紀』から、『隋書』には引用されていない国書の本文の一端をうかがうことができ、その本文の中にも、煬帝の機嫌をそこねる文言、記事があったとみることは、排除できない。ただ、判明している国書の一部をみても、不快にさせる、もしくは文句をつけようとすれば、いくらでもつけられる、そういった用語、用法、文章が散見して、文書制作者の脇の甘さが随所にうかがえる。以下、問題の箇所を挙げて検討してみよう。

i　日出処、日没処

太陽の昇り沈みの文が立場の上下を示唆するのでこれが問題との説がある。しかし、「日出処」は東方、「日没処」は西方を意味する成句であり、東と西に上下の差等がないことから、この句がことさら問題となったとは、思えない。

日出処＝東方、日没処＝西方は、『智度論《ちどろん》』巻一〇の次の条文が典拠だとされている。

経中説、日の出づる処、是れ東方、日の没する処、是れ西方、日の行《めぐ》る処、是れ南方、日の行らざる処、是れ北方。

ただ、「日出」が東方の雅語であることは、『智度論』を待たずとも、先秦の書からすでに成語となってきた。

『礼記』祭義「日は東より出て、月は西より生ず」
『詩経』斉風「東方之日《とうほうしじつ》」毛伝、「日は東方より出づる」

日没・日入と西との結びつきも、『荘子』『列子』『文選』注、李白「讃」にもみられ、西方浄土として日没処、また仙女西王母が居る場所として、「日没処」に負のイメージはない。

『荘子』田子方「日は東方より出でて西極に入る。万物、比方せざる莫し」
謝荘「月賦」(『文選』巻一三)「擅扶光於東沼、嗣若英於西冥」(周翰曰く、扶桑は日の出づる処、若木は日の没する処)
李白「金銀泥画西方浄土変相讃」「讃に曰く。西に向かう、日の没する処。遙《はるか》に瞻《みや》る、大悲顔。目は浄《きよ》し　碧海の水。身は光く　紫金の山」『唐文粋《とうぶんすい》』巻二〇

もっとも、「日出」が実際に目にする太陽が昇るところという具体的イメージで書かれているのかと言えば、決してそうではない。あくまで「東方」という語の雅語、方向や数値を典拠に基づき言い換えるというきわめて漢文的表現であり、そこには日出、日入の自然現象的意味は昇華されてい

る。かつ倭が東方の国だということは、もとより倭人は理解しており、自己を東の国とみなしていたことは、『日本書紀』推古十六年九月、小野妹子が再度隋に赴いたときの国書の次の文言から明らかである。

其の辞に曰く。東天皇、敬しんで西皇帝に白す。使人鴻臚寺の掌客裴世清《はいせいせい》等、至りて……

後に本格的に検討することになる「天皇」という語が当時存在していたとは考えられないので、これを小野妹子が差し出した国書そのままであると理解することはできない。しかし、この表現は、「日出処天子、致書日没処天子」と対応する文言――「日出処」=「東」、「日没処」=西、天皇=天子、皇帝=天子――であり、それが『日本書紀』で確認できることは、七二〇年に『日本書紀』が日本国内で編纂された時、「東の国」と自己認識していたことを証明する。

ii 二人の天子

天子とは天が統治を命じた地上の為政者、天命を下された地上の唯一絶対の存在を意味し、天の概念が形成された周以降、周王、さらに皇帝の別称として定着した。

地上の主宰者である天子は、一人であり、天が別の主宰者に命を下すことは、革命（天命を革《あらた》める）に他ならない。したがって、複数の天子が時を同じくして存在したなどということは、中華世界ではありえないし、また許されない。

「日出づる処の天子、書を日没する処の天子に致す」はそのことが全く分かっておらず、かりに知っていてかかる表現をとったとすれば、それは不遜そのもの、「蛮夷の書、礼なきもの有り」とは、まさにこのことである。かかる解説は従来からなされており、私もその通りだと考える。

しかし、この「天子」という表現が無礼には当たらないという説もないわけではない。それに対して若干の反論を提示しておくことにしよう。

【突厥からの国書】

『隋書』突厥伝に、突厥の沙鉢略《しゃはつりゃく》可汗が隋の文帝に送った国書には、自らを「天子」と称し、文帝の返書には文帝も「大隋天子」と称しており、ともに天子と称する両者に問題は起こっていないという説がある。しかし、『隋書』突厥伝（『北史』突厥伝も同じ）をよく読めば、右の説は成立しない。

> 沙鉢略、使いを遣わし書を致して曰く。辰年九月十日、天より生れし大突厥天下賢聖天子、伊《い》利倶盧設莫何始波羅《りぐろせつばくかしはら》可汗、書を大隋皇帝に致す。使人開府・徐平和《じょへいわ》、至りて、辱《かたじけな》くも言語を告げ、具聞するなり。皇帝は是れ婦の父、即ち是れ翁なり。此れ是れ女の夫、即ち是れ児の

例なり。両境、殊にすと雖も、情義は是れ一なり。……

高祖、書を報じて曰く。大隋天子、書を大突厥伊利俱盧設莫何沙鉢略可汗に貽《おく》る。……

まず、突厥から隋に向けた文書は、「天より生れし大突厥天下賢聖天子、伊利俱盧設莫何始波羅可汗、書を大隋皇帝に致す」とあり、「天子・可汗」から「皇帝」に送られた。文帝からの返書は、「大隋天子、書を大突厥・伊利俱盧設莫何沙鉢略・可汗に貽る」と天子から可汗にと記されている。

①天子から天子へという文脈にはなっていない。

②隋天子と自称する文帝は突厥にむけて「天子」の称号は用いず、「可汗」としている。

この二点を勘案すれば、隋皇帝にとっては、天子は絶対無二であり、また異民族国家が「天子」を名乗ることを良しとしないということを、むしろこの史料は示しているといえよう。

中国側が「天子」の語にことさら神経質であったことを示すいま一つ例をあげよう。唐の資料であるが、『通典』巻一八五辺防には、『隋書』の記載を採録している条文がある。

倭王、姓は阿毎、名は多利思比孤、その国では阿輩雞弥と号し、華では天児と言う。

『通典』より遅れて編纂された『翰苑《かんえん》』倭国にも「阿輩雞弥、自ら天児の称を表す」と見える。倭では「阿輩雞弥（大王）」を「天子」と言い換えたいところであろうが、中華では「天子」という二字は特別な意味をもつがゆえに、認められないのである。

「天子から天子に書を致す」は、やはり煬帝にとって、「蛮夷の書、無礼なるもの有り」だった。

iii　仏教語としての天子

天の命をうけた地上の君主という意味の「天子」の他に、実はいま一つ別の意味での「天子」の語がある。それは、仏教語で「国王」の意味で使われる「大梁揚都《だいりょうようと》天子」などである。この用語は、「大梁揚都聖王」（『梁書』巻五四　諸夷伝　婆利国）、「揚州閻浮提震旦《ようしゅうえんぶだいしんたん》天子」（『梁書』諸夷伝　盤《ばん》盤《ばん》国）とも称され、天子＝聖王であることが、そこからはっきりとする。

しかしながら、六〇七年の倭からの国書の冒頭の「日出づる処の天子」を倭が仏教語の「天子」を念頭に書いたとは、思えない。加えて、南の仏教国からの使者の上表の「某某天子」という仏教的表現も、それは書簡冒頭に位置する相手に敬意をもって呼びかける用法であり、そこでも某天子から某天子へ書簡をおくるという書式にはなってはいない。

iv　菩薩天子

「聞くに海西の菩薩天子、仏法を重んじ興す」、この「菩薩天子」という四字については、「菩薩としての天子」「菩薩戒を受けた天子」という意味でここは使ったのであろう。確かに、内典では、例えば諸菩薩の一人「浄月蔵菩薩」を菩薩天子と表現する例はある。

爾《しか》る時、会中に菩薩天子有り。名は浄月蔵《じょうがつぞう》。是の念を作《おこ》す。

『仏説首楞厳三昧経《しゅりょうごんざんまいきょう》』（羅什《らじゅう》訳）大正蔵巻一五

しかし、倭からの国書の「菩薩天子」が、仏教語を踏まえたとは考えられず、あくまで皇帝の言い換えでしかない。

別に「皇帝菩薩」「菩薩皇帝」との名称もあり、それは、「菩薩戒弟子皇帝」がより丁寧な表現である。

菩薩戒弟子皇帝、稽首す。和南十方諸仏、無量尊法、一切賢聖……

梁武帝「金剛波若懺文《こんごうはんにゃざんぶん》」（『広弘明集《こうぐみょうしゅう》』巻二八）

伏して惟うに、皇帝菩薩、聖業平成し。纂臨洪祚《さんりんこうそ》たり。四海万邦、道俗は幸を称す。

「釈智越《ちえつ》賀煬帝登極啟」（『国清百録』巻三）

懺悔文中に見られる「菩薩戒弟子皇帝」は、あくまで仏の前で皇帝が自己を仏弟子とした懺悔の文における自称である。また、煬帝のそれは、沙門内で煬帝の即位を祝う僧侶の用語であり、いずれも国家の首長に対する国書の中で使うのは、不遜の誹りを免れない。

v 皇帝菩薩と当今如来

隋は、異民族北朝の系統を引く王朝である。四世紀から六世紀にかけて、中国社会に根付き、政治、思想に大きな影響を与えた仏教は南朝と北朝とでは、皇帝との関わり合いの上で、異なった展開をもちつつ推移していく。

北朝にあっては、政治のもとでの仏教と位置づけた。換言すれば仏教は皇帝権力に従属するものであり、皇帝権と仏教への帰依は緊張関係におかれ、関係が否定の方向に働いたとき、そこに仏教弾圧が行われる。「三武一宗《さんぶいっそう》の法難」といわれる中国史上の廃仏毀釈、それは、北魏太武帝の太平真君七年（四四六）、北周武帝の建徳三年（五七四）、同・建徳六年（五七七）、唐武宗の会昌五年（八四五）、後周《こうしゅう》世宗の顕徳二年（九五五）の弾圧であるが、そのうち三つは南北朝時代の北朝で起っており、徴税、徭役といった国家の政策に寺院、教徒が遵わない、つまり王法（皇帝・国家の法秩序）と仏法（仏教の戒律）とが対峙しその緊張が一線を越えた時に仏教弾圧が起ったのである。

一方の南朝における仏教は、貴族文化に華開いた貴族仏教であり、国家、政治との関わりは薄い。

極楽浄土に憧れ、仏に仕える「三宝の奴」として、一身を投げ出し捨身を繰り返した梁武帝の仏教への異常なまでもの傾斜からは、王法と仏法の緊張は生まれず、それゆえ廃仏は起らなかったのである。

「皇帝菩薩」「菩薩戒弟子皇帝」といった仏の前に帰依する表現は、主として南朝の皇帝が名のったもので、北朝側からすれば、揶揄すべき名称であった。

其の王侯子弟をして、皆な仏誡を受けしめ、仏に事えて精苦する者あり、輒《みだり》に加えるに菩薩の号を以ってす。其の臣下の奏して上書を表するも、亦た(蕭)衍を称して皇帝菩薩となす。

『魏書』巻九二　島夷《とうい》蕭衍

北朝魏が「皇帝菩薩」と称した南朝梁武帝の所業を非難中傷した一節である。

北朝の皇帝は従って皇帝菩薩と呼ばれることを良しとはしない。皇帝は仏に事える修行の菩薩ではなく、悟りをひらいた地上に君臨する如来そのもの、「当今の如来」に他ならない。

太祖(北魏：道武帝)は明叡にして道を好み、即ち是れ当今の如来なり。沙門は宜しく礼を尽し、遂に常に拝を致すべし。人に謂いて曰く。能く道を鴻《ひろ》むる者は、人主なり、我は天子に拝する

にあらずして、乃ち是れ仏に礼するのみ。　『魏書』巻一一四　釈老志

自分は、礼をもって仏を敬うことはしても、仏に事えるのではないのだとし、また沙門には皇帝に対する拝礼を強要したのである。

もう一度言おう。隋は北朝の系統を引く王朝である。したがって、「海西の菩薩天子（菩薩皇帝）」と呼ばれることを、敬意を尽くした表現と果たして認識したのであろうか。

vi　海西菩薩天子とは誰か

初めての遣隋使が六〇〇年に都長安の大興城で面会した皇帝は文帝（楊堅）であった。彼は、六〇四年七月に死亡、二度目の六〇七年の遣隋使が派遣されたときには皇帝は次の煬帝に代わっていた。ここで、「聞くに海西の菩薩天子、仏法を重んじ興す」とは、誰のことを言ったのかという疑問が出てくる。

隋の文帝楊堅は、西魏・大統七年（五四一）、馮翊《ふうよく》（長安）般若寺で生まれたことにもよるのか、仏教を手厚く保護し、北周武帝のときに弾圧された仏教の復興に尽力し、まさに「仏法を重んじ興す」と称えられるべき皇帝であった。「重興仏法」の四字は、仁寿元年（六〇一）に文帝が下した詔勅（「隋国立舎利搭詔」『広弘明集』巻一七）にも、「朕は三宝に帰依し、聖教を重興す」とあり、「重興

仏法」は、まさに文帝の業績を示す成句でもあった。

それに対して煬帝が崇仏の皇帝であったのかといえば、必ずしもそうではない。弾圧とまでは言えないが、即位後、大業三年（六〇七）の大業令・雑令に、皇帝、諸官長に対して沙門を拝礼させる規程を設けた（『集沙門不応拝俗等事』）。まさに既述の「当今如来」さながらの措置である。また煬帝は大業中、寺院の合併と僧侶の還俗の政策も断行している。

なるほど、煬帝も菩薩戒を授けられた。ただこれは即位の前、開皇十一年（五九一）、彼がまだ皇太子ではなく（皇太子であった楊勇を失脚させ皇太子の位についたのは六〇〇年のこと）、晋王であったときに、天台智顗《ちき》を揚州に招き、菩薩戒と総持という法名を授けられ、智顗に智者大師の号を贈った（『仏祖統紀』巻六）。しかし、先述した彼の即位後の仏教に対する政策を勘案すれば、煬帝（晋王広）が父の評価を得るためのパーフォーマンスの一環でしかなかったと私には思える。

煬帝が菩薩皇帝と称されるに値しないことは、確かであろう。彼もそれは分かっていたし、そのように呼ばれることを名誉に思っていたのかどうかも怪しい。

一方の倭国は、六〇七年の段階で、その三年前に亡くなった文帝をさして「菩薩天子、重興聖教」と言ったのか、それとも煬帝もそう呼んでも差し支えないと思ったのか、これも実のところ分からない。しかし、受け取る煬帝にとっては、父文帝を賛美する語と重なり合う「菩薩天子、重興聖教」は、やはり愉快な文言ではなかったのではないだろうか。

三　無意識の対等意識

前項で国書のなかの個別の表現を詳細に取り挙げ、それらが隋もしくは煬帝にとっては、不快感を与えるに足るものであったと論じてきた。しかし、そこから個別のどれが問題とされ、どれはそうではなかったという観点から無礼の内容を考察することは、ことがらの真実にせまるに有効であるとは、私は思えない。

改めて驚かされることは、倭の五王から一世紀を経た推古朝において、倭が得ていた中国に対する情報は、質量ともにかなり減退していたことである。倭の五王が周知していた官職の品階の構造とその背景、倭王武の上奏文に見られる完璧とも言える漢文体と典拠についての知識――それは百済の渡来知識人が教唆したのであったが――、それと多利思比孤の国書が示す知慮を欠くと思える表現の間には、大きな懸隔があると言わざるを得ない。

懸隔は何によるのか。それは六世紀、倭と梁の疎遠の一〇〇年が将来した結果だったのではないだろうか。倭だけではない、朝鮮三国においても江南の王朝との関係は、宋王朝の時代ほど密ではなくなったこと、すでに言及した。そして、かかる疎遠が倭国の中国外交、対中国観を大きく変化させることになったと言えよう。天子から天子へといった唯一絶対の「天子」を無視した平行・平等の意識、「天子」という語がもつ外典と内典との両義性とその使用方法に関する無知、隋という王朝と二代の皇帝の内実に関する情報の欠如、それらは一世紀の空白がもたらしたもので、畢竟、倭の中国王朝に対する臣従の関係を希薄にし、倭に素朴な対等の意識をもつに到らせたのである。一説では、倭が中国との上下関係から脱却して対等の関係を樹立しようとした強い意識の現れだという考えも提示されているが、私はそうは考えない。それは一世紀の空白・疎遠から生じる当たり前の自然な結果としての対等、素朴さの具現にすぎなかったのだ。かかる無意識の素朴と粗忽、無知からの非礼が国書の隅々に現れており、国書全体が「無礼な蛮夷の書」と印象づけたのではないだろうか。

遣隋使は六〇七年以降も派遣された。『隋書』煬帝紀、『日本書紀』の記載が一致しないことなどから、隋が滅ぶ六一八年までの派遣回数をめぐって説が分かれているが、ここでは論じない。確かに言えるのは、「二度と取次いではならぬ（勿復以聞）」がそのまま守られたわけではなかったということである。敵対心による意識的無礼ではなく、無知による無意識の無礼だと隋側は分かっており、蛮国を教化することが中華の使命といった伝統的中華意識が根柢にあったからなのだろうか。

倭の側にあっても、中国との交流には積極的であった。当時中国に渡っていた学問僧、留学生たちが、中国の優れた制度を学び導入すべきと進言したことは、『日本書紀』推古天皇三十一年（六二三）の条に、倭漢直《やまとのあやのあたひ》福因《ふくいん》、薬師《くすしの》恵日《えにち》らの上奏が語っている。

唐国《からのくに》に留まりし学者、皆な学は以て業を成す。応に喚《よ》ぶべし。且つ其の大唐の国は、法式、備定するの珍国なり。常に須らく達すべし。

福因は六〇八年に小野妹子とともに隋に派遣された一人であり、薬師恵日も渡海がいつだったのか不明だが、隋に留学して、その高度な文明を目の当たりにしていた。かかる流れが舒明天皇二年（六三〇）八月、犬上三田耜《いぬかみのみたすき》を大使とする第一回遣唐使へと繋がっていく。他ならぬ薬師恵日もその使節の一員であった。

遣隋使から遣唐使へ、継承されたのは、素朴な対等意識もそうであった。

舒明天皇四年（六三二）、唐は、犬上三田耜を送りとどける返礼の使者として高表仁《こうひょうじん》を遣わした。『日本書紀』の記載では、対馬経由で、十月に難波津に着き、倭は三十二艘の船、笛、太鼓、旗でもって迎えて、難波の客館で神酒を用意して厚くもてなし、高表仁も丁寧に礼を述べ、翌五年正月に帰国の途についた、とある。

> 船卅二艘および鼓・吹・旗幟、皆な具して整飾す。便ち高表仁等に告げて曰く、聞くに天子の命ずる所の使、天皇の朝に到るを、之れを迎えん。時に高表仁は、対えて曰く、風寒きの日、船艘《せんそう》を飾整《しょくせい》して、以て迎えを賜う、歓び愧ずるなり。
>
> 『日本書紀』舒明天皇四年十月

『日本書紀』を見る限り、友好的な往来といった印象である。しかし、中国側史料はそうではない。

高表仁が倭の接待が非礼だとして、倭王に面会して皇帝の命を伝えずして帰っていったと記しているのである。

仁表は綏遠《すいえん》の才なく、その王と礼を争い、朝命を宣《の》べずして還る、是れより遂に絶つ。（『通典』辺防・倭、『旧唐書』は「王」を「王子」につくる）

第一回遣唐使の六三〇年は、東アジアの盟主として天可汗《てんかかん》を標榜する太宗李世民の時代である。唐から見れば蛮夷の国の対応は、礼を失するものであったのだろう。しかし、倭国にあっては、対応に問題があると思わなかった。つまり、それは、あの「無意識の無礼」の延長上に位置する仕儀だったと考えられるのである。

それにしても、『日本書紀』が何も問題が生じなかったように記しているのは、なぜだろうか。実は、六〇〇年の第一回遣隋使についても文帝の対応はもとより、遣隋使そのものも記述はないし、煬帝の立腹にも沈黙している。

ここで、あらためて『日本書紀』の記載を検討せねばならない。

四　『日本書紀』の遣隋使の記載

遣隋使が派遣された六〇〇年、六〇七年は、倭国は推古天皇（在位五九二－六二八）の時代であり、推古天皇が、厩戸《うまやど》皇子（聖徳太子：以下本書では「聖徳太子」の名称で論をすすめる）を皇太子に立て、摂政として政治を委ねたことは、『日本書紀』推古天皇元年（五九三）四月己卯に記されている周知の事柄である。

聖徳太子は、敏達天皇三年（五七四）に穴穂部間人皇女《あなほべのはしひとのひめみこ》の長男として生まれ、推古天皇二十九年（六二一）に斑鳩宮《いかるがのみや》で亡くなった。つまり、第一回および第二回遣隋使は聖徳太子がまさに、摂政として倭国の政治を行っていた時代にすっぽりと収まる。したがって、「聖徳太子が遣隋使を派遣した」ということが、教科書、概説書では語られてきたのである。

それを真っ向から否定するつもりは、毛頭ない。『日本書紀』と『隋書』の二つの史料を照らし合わせれば、かく考えるのは当然であろう。ただ、私は、聖徳太子が小野妹子を隋に派遣したということがらに対して、なにかしら霞がかかった、今一つすっきりしないものを覚える。それは、『隋書』、『日本書紀』双方ともに聖徳太子の影が薄いということである。史料には、聖徳太子（厩戸豊聡耳《うまやどのとよとみみの》皇子《みこ》）の役割は述べられていないし、また隋からの使節裴世清が太子に面会したという記事もない。

『隋書』東夷伝には、すでに紹介したように倭国の大王をはじめとする名称が紹介されている。

倭王、姓は阿毎、字は多利思比孤、号は阿輩雞弥、……王の妻は雞弥《きみ》と号す。後宮に女六七百人あり。太子を利歌弥多弗利《りかみたふり》と為す。

『隋書』東夷伝（『北史』東夷伝も同じ）

倭王の名前：阿毎（アメ：天）、字：多利思比孤（タリシヒコ：足彦）、号：阿輩雞弥（オオキミ：大王）、王の妻（雞弥：キミ：君）、これらは、すべて倭国内での一般的な普通名詞としての和音呼称であり、太子（利歌弥多弗利：リカミタフリ）も例外では無い――『翰苑』注には、「王の長子、和哥弥多弗利。華では太子と言う」とあり、「若」に通ずる「和歌」が正しいであろう――。

大業三年（六〇七）の遣隋使派遣に関しても、聖徳太子は登場しない。『隋書』東夷伝は「その王、多利思比孤、使をつかわして朝賀す」とみえ、六〇八年の隋からの使者裴世清を迎えた記事も、「倭王、小徳・阿輩台を使わして云云」と一貫して「倭王」が表に出ている。

隋側の史料がそのように記載するのもある意味では理にかなっていると言えるかもしれない。「万機を委ねられた摂政」が政事を取り仕切っていたとしても、外交儀礼から隋皇帝の交渉相手は、「倭王」なのであるから。

『隋書』の理屈はそうかもしれない。しかし、『日本書紀』が、遣隋使という倭の重要な対外政策が聖徳太子によって進められたということを明記していないのは、なぜだろう。憲法十七条、斑鳩宮、勝鬘経《しょうまんきょう》、法華経の講義など内政に関する事柄には、太子の治績が顕彰されていることに対して、外交に太子が出てこないのは、やはり腑に落ちないのである。

そもそも『日本書紀』の遣隋使の記事は、不可解な箇所が少なくない。はっきり言えば、記載漏れ、潤色、書き換え、捏造が見て取れると言わねばならない。

以下、六〇七年七月から時間をおって、『日本書紀』が述べる経緯を見ていこう。

①推古天皇十五年（六〇七）七月、小野臣妹子を大唐（隋）に派遣。

②推古天皇十六年（六〇八）四月、小野妹子は、隋の使者裴世清らとともに帰国し、筑紫に到着した。倭は難波に客館を用意し、六月に裴世清一行はそこに投宿する。

③推古天皇十六年（六〇八）六月、裴世清と戻ってきた小野妹子が、「唐の皇帝から文書を授かったのですが、途中、百済を通過したときに、百済人に奪われてしまい、ここに奉ることができません」と報告。

群臣は「使節であるにもかかわらず、大国の書簡を失うのは、もってのほか、流罪に処すべき」と主張したが、「妹子は書簡を失った罪はあるが、これを裴世清らが知るとまずいので、処断しない」という勅がくだる。

④推古天皇十六年（六〇八）八月、裴世清が都に到着し朝廷に出廷し、隋からの返礼の品を庭に並べ、裴世清は皇帝から授かった書を奉じた。そこには次のようなことが記されていた。

「皇帝、倭皇に問う。使人の長吏大礼蘇因高等、至りて懐いを具す。朕は欽しんで宝命を承け、臨みて区宇を仰ぎ、……知るに、皇は海表に介居し、民庶を撫寧す。境内は安楽にして、風俗は融和。深気は至誠なり。遠く朝貢を脩めんとす。丹款の美、朕、嘉みするあり。……」

⑤推古天皇十六年（六〇八）九月、唐客裴世清が帰国の途につき、いまいちど小野妹子を大使、吉士雄成《きしのおなり》を小使、鞍作福利《くらつくりのふくり》を通事として、唐客に随行させた。天皇は唐皇帝に次のような国書をおくった。

「東の天皇、敬しんで西の皇帝に白す。使人鴻臚寺掌客裴世清等、至りて、久しき憶い方《まさ》に解かん。季秋は薄冷にして、尊は何如。清悆《おだやか》ならんことを想う。此れ即ち常の如からん。今、大礼蘇因高、大礼乎那利《おなり》等を遣わして往かしめん。謹しんで白す。不具」

①は、推古十六年（隋・煬帝開皇三年：六〇七）、小野妹子を隋に派遣した記事である。ここで「大唐」と記しているのは、「隋」を「唐」と誤ったというより、中国をさして「大唐（もろこし）」と呼称した『日本書紀』の記載のやり方と考えるべきであろう。

小野妹子は、翌年帰国するが（②）、その時のこととして、いささか不可解な事柄が記されている。③に示した「帰国の途中、隋の皇帝から受け取った国書を百済に盗まれてしまった」と。なぜ百済が略奪したのか。その理由は、百済、高句麗、隋との微妙に対立する外交関係の中で、倭が隋と友好関係をもつことを邪魔しようとしたからだ、との解釈も出されている。国書を盗み取ることにどれほどの効果があるのか。かりにこれが事実とすれば、百済の感情的で稚拙な行為としか考えられないが、私にとって、より不可解であり、それ故、国書掠取をそのまま信じることができないのは、小野妹子に対する「お咎め無し」の措置である。

国書喪失という失態を知られることで、国の信用を失墜すると『日本書紀』は言うが、小野妹子が無罪放免となり、その上、推古十六年（六〇八）九月に使者裴世清が帰国したとき、妹子を大使として隋に派遣している⑤のは、いっそう理解に苦しむ。

煬帝からの国書は、実は裴世清自身も持参してきた。掠取された国書と裴世清のそれとが、内容においてどう違うのか、分からない。外交儀礼の一環としての書簡であり、さほど重要な内容をもつものではなかったのかもしれないが、その一部の内容が④に記されており、ここに国書盗難をめぐる不可解さとは別の倭の首長に対する奇妙な表現がある。

注目したいのは、「皇帝 倭皇に問う」と、倭の首長にむかっての「倭皇」なる呼称である。漢以後、中国側はいずれの場合、いずれの時代にあっても、一貫して「倭王」「王」という呼称を用いてきた。『隋書』東夷伝もこの原則に従い、「倭王」としている。

「倭皇」という表現と同じく奇妙さを与えるのが、その後に記されている「知るに、皇は海表に介居し、民庶を撫寧す。……」の「皇」という字である。すでに言及したが、この部分「知」は、相手方の書簡を引用する際に使われる常套語で、倭王からの国書を引用したものである。ここには、中国と周辺諸国のあいだの書簡で使われる常套句がちりばめられており、「皇」に続く「介居海表」も、皇帝が周辺異民族について述べた定型表現である。

天監二年（五〇三）、扶南《ふなん》王・憍陳如闍邪跋摩《きょうちんじょじゃじゃばつま》、海表に介居し、世よ南服を纂《つ》ぐ。厥《そ》の誠は遠く著われ、訳を重ねて琛《たから》を献ず。宜しく酬納《しゅうのう》を蒙り、班するに栄号を以てすべし。安南将軍・扶南王たる可し。

『梁書』諸夷　扶南

右は、扶南に宛てた書であるが、「扶南王……介居海表」の表現と同じく、倭が受け取った隋煬帝の書も「（倭）王、介居海表……」と「王」となっていたはずである。そもそも中華が周辺諸国の首長に「皇」で呼称した例は寡聞にして知らない。

隋からの国書には、「倭王」「王」と書かれていたことは、明らかである。それを「倭皇」と改めたのは、「倭王」の二字を嫌ったからであり、「王介居」を「皇介居」と書き換えたのも、これと同じ理由からといえよう。さらに、いえば、『日本書紀』が「漢倭奴国王」「親魏倭王」、そして倭の五王の「倭国王」に関することがらを記していないことも、これに通底する。

小野妹子が国書を盗まれたという記事も、そこに「倭王」と書かれていたからと考えられる。とくに、「日出づる処の天子から日没する処の天子」と記した日本側の国書に対して、「皇帝から倭王へ」という表現をもつ隋皇帝の返書が出されたことを明らかにすることは躊躇されたのではないだろうか。ならば、いっそのこと小野妹子が国書を託されたこと自体を『日本書紀』が取り挙げなければよいとの考えもあるが、推古十五年から十六年における一連の遣隋使をめぐる外交を史書としてはすべて抹消するわけにはいかない。いま、④にあるように、今一つの国書が出現し、それを引用せざるを得ない以上、妹子自身も国書を預かっていたということは容易に想像がつく。しかしその内容を明らかにすることはできない。そこで百済の窃取による喪失という捏造がなされたのではないだろうか。

以上、隋との交渉をめぐっての『日本書紀』の記載を見てきた。そこから浮かび上がる不可解さ、記述用語の作為性、文章表現の不自然さは否定できないであろう。では、その背景には何があるのだろうか。

それは、煬帝の言葉「蛮夷の書」が端的に示す中国側の蔑視と処遇だった。文帝開皇二十年に派遣され、文帝に「義理なし」と冷たくあしらわれた第一次遣隋使を『日本書紀』は記述していない。第二次遣隋使については、簡略に記すだけで（前記①）、問題となる煬帝の立腹には触れていない。そこから透けて見えるのは、『隋書』を見ているはずの『日本書紀』の編者は、倭を蛮夷と扱う隋の対応を意図的に忌避したということである。隋との外交における聖徳太子の影が消されているのも、かかる蔑視を記録にとどめることが、ひいては太子への蔑視に繋がり、太子を貶めることとなるのを避けたのではないだろうか。

忌避は、事実を記載しないことで対応できたとしても、対応しきれない問題があった。それは隋からの国書の記載であり、中華と夷狄の臣従関係を制度的に象徴する「王」という称号の存在である。この「王」なる称号は、隋と倭の交流を具体的に示す隋皇帝の国書には確と明記されており、皇帝からの正式文書を反故にすることはできない——一時はそれが盗まれたと言いつくろったが——。そこで取られた措置は、和音呼称では同じであることから、「王」を「皇」と書き換えることで、漢字表記がしめす中華の「王」の意味にすり替えようとしたのである。

では、本来、隋からの国書にあった「王」が「皇」と書き換えられたのは、いつの時点だったのであろうか。想定される可能性は、

①六〇八年に国書を受け取った段階。

②天武朝から養老四年（七二〇）の『日本書紀』成立まで。

③『日本書紀』成立以後の伝承の過程。

この三つが考えられる。

①に関していえば、後に詳述するが、推古朝以前から、倭国の首長の自称は「大王」、より正式には「〇〇宮治天下大王」であり、「大王」は「オオキミ」との和音をもっていた。六〇〇年の最初の遣隋使の時に、隋側が「倭王……号は阿輩雞弥」と認知したのは、倭が隋に「オオキミ」と

の自称を伝えた――この時に倭からの国書が存在したのか、それとも口頭で伝えたのか、私は後者だったと憶測するが――からに相違ないが、かりにこの段階つまり六〇八年段階で「王」を「皇」としたなら、現存する推古朝の資料（推古遺文）からも、検証できるはずである。しかし、それは確認されない。

では、②の『日本書紀』編纂の過程での作為なのか、『日本書紀』編纂がいつ始まったのかは諸説あるが、天武天皇の遺志を継いで養老四年にようやく完成したことは確かである。編纂過程では、「天皇」の称号はすでに成立しており、『日本書紀』編者が「王」を嫌って「皇」に変えたことは、十分可能性がある。ただ、『書紀』には、「王」を忌避しようとした意図は確かに窺えるが、代替表現は徹底せず、一種の揺れがみえる。「倭王」という表記も、実は、『日本書紀』神功皇后摂政四十三年の注に「魏志云。正始四年、倭王復遣使大夫伊声者、掖耶約等八人、上献（正始四年、倭王は復た使の大夫・伊声者、掖耶約等八人を遣わし、上献す。）」とあって、一個所ではあるが、中国側史料にある「倭王」を変えていない。

ここに興味ある日本側の史料を紹介しよう。

「倭皇」という表現に関しては、『日本書紀』が世に出た以後も、いくつかの書の中で取り挙げられてきた。その一つは、延喜十七年（九一七）藤原兼輔《かねすけ》撰ともされている（これには、異説があるが）『聖徳太子伝暦』であり、そこに「倭皇」についての次のような記事が見える。

隋帝の書に曰く、皇帝、倭皇に問う……天皇、太子に問いて曰く、此の書、如何と。太子、奏して曰く、天子の諸侯王に賜いし書式なり。然れども皇帝の字は、天下、一つなるのみ、而して皇の字を用うるは、彼れ其の礼ありて、恭しみて修むべし。

唯一絶対の存在である皇帝の「皇」は、特別な意味をもっているが、その「皇」を含んだ「倭皇」は、倭の首長に対する特別な礼儀の表れである、と。

この部分は、一三三九年成立の北畠《きたばたけ》親房《ちかふさ》『神皇正統記《じんのうしょうとうき》』推古天皇、および文明二年（一四七〇）に瑞渓周鳳《ずいけいしゅうほう》がものした『善隣国宝記《ぜんりんこくほうき》』巻上・推古十五年にも引用されている。

隋皇帝が特別の意をもって「倭皇」という二字を国書に記したという解釈は、日本国の尊厳性を強調するという文脈のなかで出てきたものであることは、いうまでもない。ただ、ここで私が指摘したいことは、一つには、『日本書紀』が世にでて以後、この「倭皇」という表現は、理由付けをせねばならないデリケートな表現であり、それがひいては対中国との関係における日本の対等、優位の思想と関連していくということである。

いま一つ、『善隣国宝記』推古十五年には、「元永元年（一一一八）四月二十五日、中原朝臣師安《もろやす》、同氏広忠《ひろただ》、清原真人信俊《さねとし》、中原朝臣師遠《もろとう》、同氏広宗《ひろむね》の五人、同じく日本書記《ママ》の内の推古記《ママ》、また『経籍後伝記』を引きて曰く」として、小野妹子の遣隋使のことを述べ、こう展開している。

裴世清等十三人を遣わし、因高を送りて、来りて国風を観せしむ。その書に曰く、皇帝、倭王に問う。聖徳太子、甚だ天子の号を黜《しりぞ》けて倭王となすを悪みて、その使を賞さず。依りて報書して曰く、東天皇、西皇帝に白す。……然れども書籍後伝記には、十二年甲子と曰い、また倭皇を倭王に作る。

『書籍後伝記』は『経籍後伝記』とも称され、選者、成立年代ははっきりしないが、『政事要略』（一〇〇二年前後の完成）に引用されている「儒伝」の別名とも考えられ、十世紀には存在していたともいえる。『書籍後伝記』（『経籍後伝記』）の撰者は『日本書紀』の記事を参考にしたことは間違いなく、撰者がみた『日本書紀』には、「倭王」となっていた、つまり十世紀に伝わった『日本書紀』の写本のなかには、「皇帝問倭王」に作るテキストがあったのだ。

テキストの異同は、「倭王」の二字が、『日本書紀』編纂以後、伝写の段階で忌避されていったことを示しているのではないだろうか。

伝写の原本が「倭皇」となっていたのを、書写者が「倭王」に改めた、つまり「倭王」→「倭皇」の逆の場合も理屈の上では想定できるが、なぜそのような修改をせねばならなかったのか、また別に『書籍後伝記』の選者が意をもって「倭王」としたとしても、いずれにしても「倭王」を忌避するという時代潮流の中で、敢えて逆行するその合理的理由を私には見つけられない。

先に挙げた『日本書紀』神功皇后摂政四十三年注、「魏志云。正始四年、倭王復遣使大夫伊声者掖耶約等八人、上献」が「倭王」の二字をそのまま残していることも、その傍証を提供するかもしれない。ここの「倭王」に関してさらに言えば、『日本書紀』卜部家本は「倭王」とするが、伊勢本（一四二三－一四二四）、熱田本（一三七〇年代）は、「倭女王」に作る。『魏書』はもとより「倭王」であることで、この表記は『日本書紀』の伝写の過程で、『魏書』にもみえる「倭女王」という表現をもとに書き換えたとみるべきだろう。選者ではなく写書者の意図的改変を示唆するとしたい。つまり、「倭王」が「倭皇」と改変された時期は、③である可能性が高いということになろうか。

五　新たな国号と称号へ

中国の王朝が楽浪海中の倭人の存在を認識したのは、紀元前一世紀頃であった。後漢光武帝の時代、倭国（倭奴国）の首長に金印を賜与し、そこには「漢委奴国王」という刻字がなされ、皇帝に臣従する「王」という称号が与えられた。三世紀曹魏の時代、倭では「邪馬台国」が存在し、その首長卑弥呼に「親魏倭王」という王号が賜与された。五世紀、いわゆる「倭の五王」の時代を迎えるが、五人の倭の首長は、朝鮮半島の国々を意識し、より高い称号を南朝宋に繰り返し求める。複雑な職名、将軍号がそこには付加されたが、その場合もやはり「倭王」という王号が最後に付けられ、倭の側もそれに満足していた。

かかる王号は、中国の側からすれば中華と夷狄を分際する華夷秩序の具現化であり、倭という夷狄が文明の中華に帰順する象徴として賜与された称号と考えられる。華夷観念のもと、中華王朝にとって、倭国はその実体よりも、帰順する夷狄という観念が重要であり、そこから「観念的倭」という概念を本書では提示した。

倭と中国の外交は、中国南朝国家の衰退とともに疎遠となり、一世紀にわたる空白期間が生じる。それまでが中華世界と倭国の関係の第一期であり、それはまた観念的倭の時代でもあった。

長い分裂を経て隋が中国を統一した文帝開皇二十年（六〇〇）をもって、倭と中国の第二期の外交が遣隋使の派遣でもって幕をあける。

第二期における倭と中国（隋）の関係は、それまでとは異なったものであった。否、正確にいえば隋がもつ華夷観念は、変わらなかったが、倭にあっては、中華に帰順するという意識はもはや希薄となっており、そこには自然な対等意識が生じ、華夷意識の欠如が観念的倭を維持する隋を苛立たせたのである。疎遠の一世紀がそれを招来したと言ってもよい。

倭国が抱く素朴で自然な対等意識は、遣隋使から遣唐使の時代へと繋がっていくのだが、次第に無意識から意識的なものとなっていく、「王」「倭王」という称号が『日本書紀』において忌避され、別の表現に置き替わっていることは、そこに編纂者の意図が表れている。かつては望んで戴いた称号「倭王」が忌避すべき用語となったのである。

ここで、確認しておきたいことは、対等の意識、倭王の称号の忌避は、七世紀はじめの遣隋使の頃には、それほど強く意識されておらず、時を経て、倭の国内外における自負が強くなっていくに従って次第に顕在化し、「王」という称号を別の語に代替する仕儀に至ったということである。

対等の意識はその後も強くなり、やがて対等から優位へ、すなわち『神皇正統記』、さらには『善隣国宝記』が示す日本国、天皇の尊厳性へと進んでいくのだが、『日本書紀』編纂においては、「王」という称号の置き換えの不徹底は認められるものの、対等意識は、はっきりとした形となっていたと言ってもよいであろう。明確な形、それが国号「日本」と称号「天皇」の成立と宣言に他ならない。第二期の帰結点であった。

第二節　国号日本の成立

一　大宝二年の遣唐使

大宝元年（七〇一）年三月甲子、「大宝」という元号が建てられ、新たな官職、位階、服制が施行された。それらは同年八月に完成をみる律令、いわゆる「大宝律令」が根拠法となっている。国の新しい政治制度がここに完成したともいえるが、とりわけ元号を制定したということは、日本（もしくは倭）が独自の年号をもつということにとどまらない重要な意味がそこにはあった。中国の元号は漢武帝期に始まるが、皇帝統治のもと、王号を賜与された周辺属国は、中国皇帝と時間を同じくするということから、頒ち与えられた中国の元号・暦を用いなければならない。『周礼』春官・宗伯に「告朔《こくさく》を邦国に頒《わか》つ」とあるように、正月の朝賀の使節は、その年の暦を皇帝から賜与されるのが建前であった。ここに「大宝」という自国の元号を建てたことは、中華とは同じ時間を共有しないことであり、換言すれば王号の拒否に他ならない。

大宝建元は三月甲午であるが、それに先立つ同年の正月丁酉、粟田真人《あわたのまひと》が遣唐執節使《しゅうせつし》に任命される。第八次の遣唐使である。普通、遣唐使の長は「大使」であるが、真人は、「執節使」という特別な名称を与えられた。「節」とは、かの使持節の節と同じく、特別な権限を賦与されたいわば特任全権大使ともいうべき立場である。第八次の使節は、大宝律令の完成、年号の制定という新たな国の出発を唐に示すという重要な使命を担っており、それまで、及びそれ以後の遣唐使と比べて別格の措置がとられたと言ってもよい。

粟田真人を執節使とした第八次遣唐使は、翌年大宝二年（七〇二）六月乙丑に筑紫から出航し

（『続日本紀』大宝二年六月）、同年（唐長安二年）十月に入京して則天武后に拝謁する（『旧唐書』則天皇后本紀。『旧唐書』東夷伝、及び『冊府元亀』巻九七〇は、長安三年の朝貢とする）。国号を倭から日本に変更するということは、この時に唐に伝えられたのである。

中国側の史料には、国号の変更に関して次のように記している。

日本国は、倭国の別種なり。其の国は日辺に在るを以て、故に日本を以て名と為す。或いは曰く。倭国、自ら其の名の雅ならずを悪《にく》みて、改めて日本と為す。或いは云く。日本は旧《もと》と小国なり。倭国の地を併す。其の人の入朝せしもの、多く自ら矜大にして、実を以て対えず。故に中国は疑えり。

『旧唐書』東夷伝

咸亨元年（六七〇）、使を遣わして高麗を平ぐるを賀す。後、稍《ようや》く夏音を習い、倭の名を悪み、更めて日本と号す。使者、自言す。国は日の出づる所に近くして、以て名と為す、と。或いは云う。日本は乃ち小国にして、倭の幷す所と為る。故に其の号を冒《か》る。使者、情を以てせず。故に疑う。

『新唐書』東夷伝　日本

武后、倭国を改め日本国となす。　　『史記』五帝本紀　張守節《ちょうしゅせつ》「正義」

新旧『唐書』には、或説を紹介し、「倭」と「日本」との関係における中国側の戸惑いを述べるが、国号の変更が則天武后の時代、第八次遣唐使によって告げられた。これは、日本側の史料からも確認することができる。

秋七月甲申朔。正四位下粟田朝臣真人、唐国より至る。初め唐に至りし時、人あり、来りて問いて曰く。何れの処の使人なるか。答えて曰く。日本国の使なり。我が使（粟田真人）、反問して曰く。此は是れ何れの州界なるや。答えて曰く。是れ大周・楚州塩城《えんじょう》県の界なり。更に問う。先に是れ大唐なり。今、大周と称す。国号、何に縁りてか改称せん。答えて曰く。永淳二年、天皇太帝、崩ず。皇太后、登位し、称号は聖神皇帝たり。国号は大周とす。

問答、畧《ほ》ぼ了《おわ》りて。唐人は我が使を謂いて曰く。亟《しば》ば聞く。海東に大倭国あり。之を君子国と謂う。人民は豊楽にして、礼義は敦く行わる。今、使人を看るに、儀容、大浄にして、豈に信《まこと》ならざらんか。語り畢《おわ》りて去る。

『続日本紀』慶雲元年七月

国号の変更に対する粟田真人と唐人との会話である。折しも唐も則天武后が聖神皇帝の尊号を得て、国号を周に変更した。天授元年（六九〇）九月のことであった。真人は「そちらも国号を変更した、それはなぜか」とやり返し、日本側の国号変更が問題のないことを主張したと、私はこの問答を読みたい。

『旧唐書』東夷伝には、倭国と日本国が別の章立てをもって、解説されている。「倭国」に関しては、それまでの『三国志』東夷伝をはじめとする条文を踏まえて、貞観二十二年（六四八）の記載で終わり、「日本国」の記載は、先に引用したように、倭国と日本国の関係、その改名の理由を諸説述べ、長安三年（七〇三）の粟田真人の遣唐使をはじめとして、開成四年（八三九）の最後の遣唐使（承和の遣唐使）までを記載する。つまり国名変更の前と後で、倭国と日本国を分けているのである。

なぜこのような区分をしているのか、さらにいえば、「倭国」と「日本国」がどう関係するのか「倭国の別種」、「日本は小国であったが、倭国の地を併呑したから」と、その解説は一定しないのはどうしてなのか。

ことがらは、『新唐書』東夷伝でも同じい。『新唐書』は「日本」という章に「古えの倭奴」と説明し、また奝然《ちょうねん》「王年代記」を採録して解説しているものの、或説を紹介し、その一つに、「日本というのは小国で、倭に併合された、だから倭は「日本」という名を仮称しているのだ（「冒其号」の「冒」は、「冒姓」と同じで、仮称すること（『漢書』衛青伝、顔師古注「冒とは、仮称を謂う」））との説を紹介しているが、日本側の使者の説明がはっきりしないと吐露する。

中国側のかかる戸惑いはどこからくるのか。そこには、中国と日本両国において、国号の変更がどういう意味を持っているのか、その認識の違いに起因すると私は考えている。唐までの歴代王朝では、国号が変わるということは、天の命が改まるつまり革命であり、王朝の統治者が交替することを意味した。漢から新、唐から周がそうであり、倭国から日本国へのように、王朝はそのままで王朝（国）の名前だけが変わるといったことは、理解に苦しむことと言ってよい。まして、日本への国号変更は、武周革命の時期と重なり合う。「国号、何に縁りてか改称せん。答えて曰く。永淳二年、天皇太帝、崩ず。皇太后、登位し、称号は聖神皇帝たり。国号は大周とす」。以上が、唐側の戸惑い、或説が生ずる事由であった。

国号を倭から日本に変更したのは、倭という語が雅語ではないことに起因するということは、確かであろう。本書の初めで問題にしたことであるが、「倭」は、中国側が一方的につけた名称であり、「柔順」「素直」といった原義を有した。柔順ということだけをとれば、嫌悪すべき意味は持たないが、「中国に柔順」ということであれば、日本側にとっては決して好ましい名称ではなく、屈辱的な国名だったことは言うまでもない。

ただ、ここで考えねばならないのは、新しい国名が中国に伝えられた以前に「日本」という名称は国内では誕生していたとするのが自然で、すでに成立をみた国号を外交関係において告知したということである。そこから、国号「日本」の成立をめぐっては、【国内での名称の創成】→【制度としての確立】→【外交上の正式国号の告知】という三段階の経緯とその時期をたどって考証していかねばならない。

二　明神御宇日本天皇詔旨

養老公式令《くしきりょう》には、「明神御宇日本天皇詔旨」という詔書式が挙がっており、この条に関して、『令集解《りょうのしゅうげ》』所引の『古記』に「御宇日本天皇詔旨、隣国及び蕃国に対して詔するの辞」との注が見える。『古記』は大宝令の注釈書であることが明らかになっており、『古記』にかく説明されているということは、七〇一年段階では、「日本」という二字が大宝令には明記されていたことになろう。大宝令の完成を踏まえて、その翌年に派遣された粟田真人の遣唐使が、新しい国名「日本」を中国側に提示したということは、すでに日本国内ではそれが法文化していることの表明でもあった。

大宝令はそれに先立つ飛鳥浄御原令《あすかきよみはらりょう》に基づくとされる。

律令（大宝律令）を撰定し、是に始めて成る。大略、浄御原朝廷を以て准正とす。

『続日本紀』文武天皇大宝元年八月

浄御原令は天武十年（六八一）に編纂が開始され、持統三年六月（六八九）に中央官署に法典の副本が配布された。ただ、天武十四年（六八六）には、令の一部が単行令の形で施行されている。

大宝令が飛鳥浄御原令に依拠して立法化されたとすれば、大宝公式令の「御宇日本天皇」も飛鳥浄御原令にその条文があった可能性が高いということになるが、それを傍証するのが、「天皇の后」つまり「皇后」という称号の成立である。

『続日本紀』文武元年（六九七）八月の条には、皇后の下の妃・夫人が記され、そこから天武朝から持統初期の成立にかかる飛鳥浄御原令に皇后以下の制度が規定されていたとの説が有力である（岸俊男「光明立后の史的意義」〈『日本古代政治史研究』〉）。とすれば、皇后と対になる「天皇」という称号に関する規程、つまり公式令「日本天皇」も飛鳥浄御原令まで遡ることができ、「天皇」に冠する国号「日本」も浄御原令に規定されていたとせねばならない。

【制度としての確立】は、飛鳥浄御原令に行きつくことができた。では、それ以前はどうなのか。国号「日本」は天武朝に先立つ天智朝に創成された、という見方もある。

『神皇正統記』（序論）には、天智天皇の代、唐咸亨《かんこう》元年（六七〇）には、唐への返牒に「日本」という国号が用いられたという。中国においても、『仏祖統紀《ぶっそとうき》』（一二六九年成立）に高宗咸亨元年に「日本」に改めたことが記されている。

高宗、高麗を平らげ、倭国は使いを遣わして来たりて賀す。始めて日本に改む。その国、東に在りて日の出づる所に近きを言う。

（巻三二・「世界名体志」）

しかし、これは、『新唐書』東夷伝「咸亨元年、使を遣わし高麗を平ぐるを賀す。後、稍《ようや》く夏音を習い、倭名を悪みて、更めて日本と号す」を誤読した説であり、「後、稍く」とある文脈から、改名は咸亨元年ではない。事実、『唐会要』では、はっきりと時間の差を記している。

咸亨元年三月。使を遣わし高麗を平らぐを賀す。爾後、継いで来りて朝貢す。則天の時、自ら言う、其の国は日の出づる所に近し。故に日本国と号す。蓋し其の名の雅ならざるを悪みて、之を改む。

『唐会要』巻九九・倭国

咸亨元年（六七〇）は天智天皇が死亡した一年前にあたるが、その段階では、唐側に国号変更は伝わっていないのみならず、倭国国内に限ったとしても国号「日本」の徴証は見つからない。翌六七一年に、唐は使節郭務悰《かくむそう》を倭に派遣する。これは白村江の戦いの戦後処理のためでもあったとされるが、彼が筑紫に滞在中、十二月に天智天皇が崩御し、翌年六七二年三月にその訃報が伝えられる。郭務悰は所持してきた書函と信物を筑紫より献上して、五月に帰国の途につくことになる。『日本書紀』天武元年は「三月壬子、郭務悰等、再拝し、書函と信物を進む」と記すのみであるが、『善隣国宝記』仁安二年の条に、この郭務悰が携えてきた国書のことが言及されている。

推古天皇十六年、隋の煬帝、文林郎裴世清を遣わし、倭国に使いせしむ。書に曰く。皇帝、倭皇に問う、云々。天智天皇十年（六七一）、唐客郭務悰来聘す。書に曰く、大唐帝敬しみて日本国天皇に問う云々。天武天皇元年（六七三）、郭務悰等来る。大津の館に安置す。客の上書せし函に題して曰く。大唐皇帝敬みて倭王に問うの書、とあり。

そこでは、「大唐帝敬問日本国天皇」と文書の書頭が引用されており、別に書函の上書きには「大唐皇帝敬問倭王書」とあったという。しかし、天智天皇十年にかかる「大唐帝敬問日本国天皇」は、「唐皇帝」の「皇」の字を書き落としており、これは転写の際の欠落であり、かつその時に「日本国天皇」という表現に改めたと考えられ、本来は、それまでの倭に対する慰労制書での書式「敬問倭王」であったに相違ない。

かりに六七〇年段階で、国号「日本」が国内では成立していたとすれば、文書の函題と制書の間に生じる「倭」と「日本」の表記の違いは出来しない。倭国内で「倭」という国号表記であったからこそ、後に日本と改名されてこの部分が書き換えられたと考えるのが自然であろう。つまり天智朝には、国号日本はいまだ正式国号としては存在していなかったのである。

では、天智天皇の時代に、制度上ではなく、倭国内では「倭」にかわって「日本」という国号が一部で使われていた、もしくは使う場合もあったという可能性はどうなのか。私はこれにも否定的である。天智朝に日本という名称が国名として登場していたことを示す資料は見つからないこと、さらにかかる国名変更は、為政者のある強い政治的意図をもって名称が決められ、それが立法化したという流れをもつもので、自然発生的な、いわば「下から熟成された」ものではないと考えられるからである。

高句麗の僧道賢《どうけん》（道顕）に「日本世記」があり、『日本書紀』には何個所かに件の書が引用されている。斉明六年（六六〇）七月、同七年四月、鎌足の死を記す天智八年（六六九）十月の条などである。かりに、「日本世記」という書が、六六〇年代にすでにその名の通りの書名であったとすれば、天智朝にすでに「日本」という名称が存在していたことになる。

『藤氏家伝《とうしかでん》』（七六〇年頃成立）の貞慧《じょうえ》死亡（六六五年）に寄せる誄《るい》は、道顕によると記されている。「日本世記」の成立は、六七〇年をさかのぼることは無く、道顕の生卒は、はっきりしないものの、壬申の乱以後も生存していたと十分に考えられ、天武朝になって成立した「日本」という国名をもとに「日本世記」との書名が付けられた、もしくは「日本世記」が完成したとみても、そこに不自然さはないといえる。

三　「禰軍墓誌」

近年国号「日本」の成立を考えるうえで注目すべき新しい資料が発見された。二〇一〇年のこと、西安市で個人のコレクションから一つの墓誌拓本が発見された。盗掘品の墓誌からとった拓本であるのだが、その二年後に墓誌の実物も没収され現在は西安市博物院の所蔵となっている。件の墓誌は、禰軍《でいぐん》という百済人のそれであり、顕慶五年（六六〇）百済滅亡の際に唐に帰順し、百済の故地に置かれた熊津《ゆうしん》都督府に所属する軍人として戦後処理に従事して倭にも使いした。墓誌に記された彼の没年は儀鳳《ぎほう》三年（六七八）であり、墓誌の作成はその前後の頃であろう。

墓誌には、六六〇年百済が滅亡した後のことに関する記載があり、そこに「日本」の二字が明記されていたのである。

長文にわたる墓誌のなかで、問題になる箇所のみをまず原文と訓読文で引用しよう。

去顕慶五年（六六〇）官軍平本蕃日、見機識変、杖劔知帰。似由余之出戎、如金磾之入漢。聖上嘉歎、擢以栄班、授右武衛滻川府折衝都尉。于時日本余噍、拠扶桑以逋誅、風谷遺甿、負盤桃而阻固。万騎亘野、与盖馬以驚塵、千艘横波、援原蛇而縦沴。

【去る顕慶五年（六六〇）官軍、本蕃を平ぐるの日、機を見て変を識り、劔を杖つきて帰せんことを知る。由余《ゆうよ》の戎に出づるに似て、金磾《きんてい》の漢に入るが如し。聖上は嘉び歎じて、擢《えら》ぶに

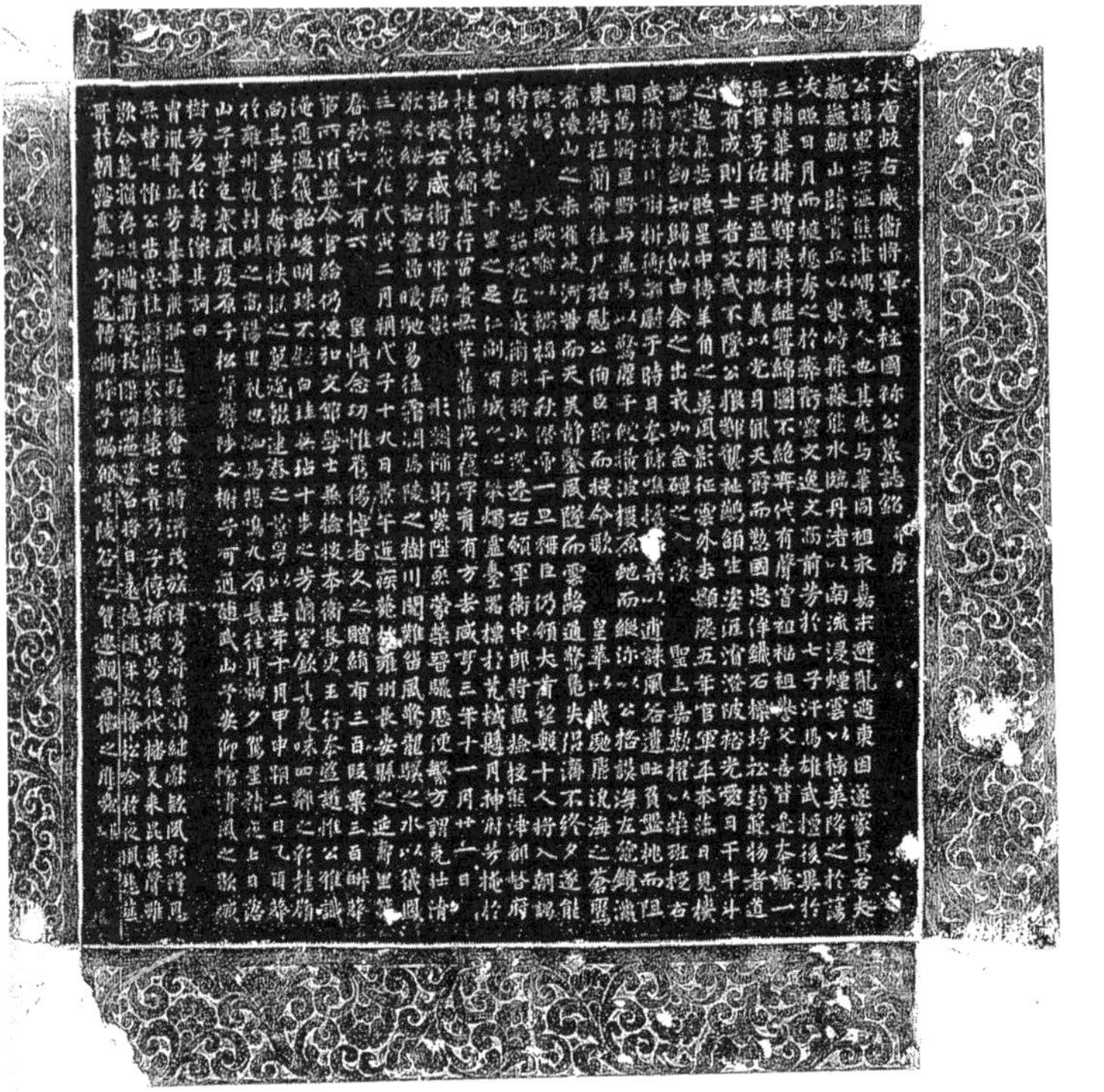

図 14　禰軍墓誌

栄班を以てし、右武衛瀍川《さんせん》府折衝都尉《せっしょうとい》を授く。時に日本の余噍《よしょう》は、扶桑《ふそう》に拠りて以て誅を逋《のが》れ、風谷の遺《い》甿《ぼう》は、盤桃《ばんとう》を負いて阻固す。万騎、野に亘り、蓋馬《がいば》と以て塵を驚かし、千艘、波を横《わた》り、原蛇《げんだ》に援《たよ》りて沴《わざわい》を縦《ほしいまま》にす。】

「日本の余噍」と、ここに「日本」に二字が記されていることから、発見当時から大きく取り挙げられ、これが「日

本」という国号を示すとも言われたのだが、私は、以下の諸点から禰軍墓誌に見える「日本」を倭国の新しい国名とみなすことはできないと考えている。

①右の一文は、典拠をともなう語句を対にした構文となっており、「日本」は「風谷」と対応するのだが、「風谷」が国名はもとより、地域名称とは考えられない以上、対になる「日本」を国名とみることは無理である。ただ、「風谷」は、高句麗を意識した語であり、それは高句麗が「山谷」に囲まれた地であると当時の一般通念となっていたからに他ならない。

其の国（高句麗）は遼東の東千里の在り、……地は方二千里、大山深谷多く、原沢なし。山谷に随いて居を為す、

『通典』辺防・東夷・高句麗

一方の「日本」、これは「日出処」つまり東方をさしていることは明らかであろう。ただその場合、東方の倭国を指しているかといえば、そうではない。「日本の余噍が扶桑に拠りて以て誅を逋

れる」の文脈において、「扶桑」は、中国から東の海の向こうの地域、ここでは日本列島をイメージしていると言ってよい。いま、「日本の残党が誅殺を逃れようとして扶桑にいく」とある以上、必然的に「日本」と「扶桑」は異なり、中国から見た同じ東方、つまり滅ぼされた「百済」を指していることと考えねばならない（「日本余噍」を「日本に移ってきた（朝鮮半島の）余噍」とは普通は読めない。百歩譲ってそう考えたとしても、「日本」と「扶桑」が同じ所を意味することで文脈に奇妙さが生じる）。なお、「扶桑」と対になる「盤桃」は、東海にあるとされる桃の大木、転じて東方を指すが、ここで「盤桃」との二字が出てきたのは、「桑」の対語に「桃」をあて、「盤桃」という語は、隋煬帝の高句麗遠征の詔にも確認されるように、東方の絶域を意味する語として使われていたことによると思われる。

粤《ここ》に我が有隋、誕《おお》いに霊命に膺《あた》り、三才を兼ねて極を建て、六合を一として家とす。提封の漸《つう》ずる所は、細柳、盤桃の外、声教、爰《ここ》に曁《およ》ぶは、紫舌、黄枝の域。

『隋書』煬帝紀（『北史』煬帝本紀）

「于時日本余噍、拠扶桑以逋誅、風谷遺甿、負盤桃而阻固」の一文は、「おりしも、日出の東方（日本）の残党（東方朝鮮半島の亡国百済の残党）は、海の向こう扶桑の地に逃れ、山谷の地の遺民は、東北の盤桃の大木のもと、頑なに抵抗している」と、私は解釈する。
②続く「万騎亘野、与蓋馬以驚塵、千艘横波、援原蚍而縦沴」も対語、対句であり、前者「蓋馬」は、『三国志』東夷伝に見られる高句麗の山名（蓋馬大山）を意識した二字か。後者は倭国をふくむ東の海、ここも①の風谷（高句麗）の遺甿と、日本（百済）の余噍の抵抗を述べた内容であるが、百済が援助をもとめた「原蚍（蛇）」こそ、倭国を指していると考えられる。ここで、我々はかの「漢委奴国王」が蛇紐であったことを想起したい。
③問題としている章は、百済の滅亡を受けて展開された文であり、ここに白村江で敗北した倭国の残党が唐突に記されるのは、理解できない。さらに、「余噍」という語に関して、左記の興味深い資料をあげよう。

今、平壌の軍、既に還り、熊津、又た抜《ぬ》かれれば、則ち百済の余燼《よじん》、日ならずして更めて興り、高麗の逋寇《ほこう》、何時にか滅ぼす可けん。
『通鑑』巻二〇〇唐紀　高宗龍朔二年
（『旧唐書』巻八四 劉仁軌伝にも「今、平壌の軍、既に廻り、熊津、又た抜かれれば、則ち百済の余燼、日ならずして更めて興り、高麗の逋藪、何時にか滅ぼす可けん」と見える。）

この時期、平壌の駐留軍撤収が検討され、それに対する反対意見であるが、ここでも百済と高句麗が対になって取り挙げられていること、そしてなによりも「百済余燼」と「日本余噍」の類似表現は見逃すことができない。繰り返し強調したいのは、唐側で懸案となっているのは、百済と高句麗だったということである。したがって、禰軍墓誌には、百済と高句麗の二つの国が取り挙げられ、対語はすべて百済と高句麗に因んだ対応となっている。

④墓誌は、中国において作成された、いわば中国側の史料であることは忘れてはならない。かりに、ここの「日本」が国名、否、正式国名でなくても倭を示す語とすれば、墓誌が作成された六七八年前後の段階で「倭」に変わる「日本」という国名が中国側ですでに定着していたということになる。ならば、七〇二年の遣唐使による国名変更は間が抜けた通告となり、理解に苦しむ。六七八年段階では、倭国内でも和語としての国名「日本」はいまだ確立していなかったと考えるのが自然であろう。仮に国内で確立していたとすれば、それが朝鮮半島、中国には何らかの形で伝わっており、白村江の戦いをはじめとする史料にもその片鱗が示されていてしかるべきではないだろうか。

唐代には新羅をさして「日本」ということもあるとの指摘もなされている。それは唐・蘇鶚《そがく》『杜陽雑編』巻下に「大中中、日本国王子、来朝し、宝器、音楽を献ず、……王子は囲碁を善くし、上は顧師言《こしげん》待詔に勅して対手と為さしむ」とあり、『旧唐書』宣宗本紀にも「(大中二年)日本国王子、入朝して方物を貢ず、王子は碁を善くし、帝は待詔の顧師言をして、之と対手せしむ」と大中二年(八四八)のこととして記されているのによる。

この時期に、渡唐した日本王子が日中の史料から検証できないので、朝鮮半島の特に新羅人ではないかとの説である。ただ、その説明はいささか粗雑で説得力に乏しい。この日本国王子は、年代時期に若干のズレがあるものの、清和天皇貞観四年（八六二）に唐に赴いた平城天皇の第三子である真如《しんにょ》親王と考えられる（宮崎市定「真如親王二題」〈『古代大和朝廷』〉）。

以上、「日本」は和語ではなく漢語由来の語であり、それは東方を意味することを述べてきた。なぜ、「日本」が東方の意味を有することになるのか、それは次のように説明できるであろう。「日」と「東方」の結びつきは、『礼記』祭義「日は東より出で、月は西より生ず」、『詩経』斉風・東方之日「東方之日（毛伝、日は東方より出づる）」に典拠をもつことは、すでに述べた。「日本」が「日出」の同義であるのは、『礼記』には「出」と「生」が対置されており、この「出」と「生」は、『周易』説卦《せっか》伝「万物は震より出で、震は東方なり」の虞翻《ぐほん》（一七〇－二三九）の注に「出、生なり」とあることとで分かるように語義を同じくする。また『礼記』楽記には、「音の由りて生ずる所や、其の本は人心の物に感ずるに在るなり」（『史記』正義、「本とは初なり」）と「由りて生ずる所」が「本」（生れ出づる根源、初源）と言い換えられ、『荀子』致士「国家之本作」の王念孫注に、「始は亦た本なり」とある。「出」「生」「始」「本」は、「初出する」「生まれる」「出現する」「始まる」という意味で通底し、「日本」という熟語が「日出」から派生したことに疑問はない。

では、国号日本の【国内での創成】は、いつどういったことが切っ掛けとなってでてきたのか。その結論の前に、国号と密接な関係をもつ称号「天皇」の成立を検討せねばならない。

第三節　天皇号の成立

一　飛鳥浄御原令とそれ以前の資料

天皇号がいつから使われたのか、これまでに大きく分けて三つの説が出されてきた。推古朝、天智朝、そして天武・持統朝である。

すでに述べてきたことから言えば、養老公式令に「明神御宇日本天皇詔旨」とあり、『令集解』所引の『古記』も「御宇日本天皇詔旨、……」とこの表現を注釈に記している。別に儀制令には、「天子とは、祭祀の称する所。天皇とは、詔書の称する所。皇帝とは、華夷の称する所。陛下とは、上表の称する所」とあり、それを解説した『古記』にも「上表、天皇に進むるの書を謂う」とあり、大宝令には、「天皇」の称号が制度上で確定していたことは疑問の余地はない。

さらに、「天皇」に配偶する「皇后」の称号は、飛鳥浄御原令に規定されていることも述べた。そこから「御宇日本天皇」という名称は、天武朝に編纂された飛鳥浄御原令にまでさかのぼることになる。

一九九七年のこと、七世紀半ばから八世紀藤原京が廃止されるまでの官営工房であった奈良県高市郡明日香村飛鳥池工房遺跡が発見され、出土した数千点の木簡の一簡に「天皇」の二字が確認されたのである。

「天皇聚□弘寅□」　　木簡番号二四四　飛鳥池遺跡SD1130（『木簡研究』二一、二二）

この簡が出土した遺構は、溝が埋められた持統朝の下層にあたり、同時期と考えられるところから出土した紀年簡には天武天皇期の簡が存在すること、また同じ遺跡SD1130から出土した「加尓評久々五十戸人」と記された木簡があり（木簡番号一九三）、そこには大宝令以前の郡表記である「評」が確認され、また「里」以前の区画表示の「五十戸」という記載がある。「五十戸」は、天武十年（六八一）以前の表記であり、過渡期としてその後もそれは一部残るものの、持統二年（六八八）には、すべて「里」に統一される。

「天皇」の二字が記された飛鳥池木簡は、「天皇」の称号が六七〇年から八〇年代にかけての天武朝に存在していたことを証明したのである。

では、それ以前、推古朝、天智朝に、称号「天皇」は成立していたのであろうか。それを考えるうえで、以下の文物資料がこれまで検討されてきた。

①法隆寺金堂薬師如来後背銘
②天寿国曼荼羅繍帳《てんじゅこくまんだらしゅうちょう》
③船王後墓誌《ふねのおうご》
④野中寺《やちゅう》金銅弥勒菩薩台座銘

いずれも、推古、天智朝の成立をうかがわせる文字資料であり、そこに「治天下天皇」「天皇」が刻字、もしくは刺繍されているのである。いま結論を先に述べると、これら四点の資料の「天皇」の二字は、天武朝以前の七世紀に記されたと見做すことは難しいと、私は考えている。

①の法隆寺金堂薬師如来後背銘は、用明天皇の病気治癒を請願して寺と仏像をつくる詔がだされた（五八六）が、天皇は完成を待たずに崩御し、その遺志をひきつぎ、推古天皇と聖徳太子が六〇七年に仏像を完成させたという内容で、用明天皇を「池辺《いけのべ》大宮治天下天皇」、推古天皇を「小治田《おはりだ》大宮治天下大王天皇」と表現している。奈良文化財研究所の調査によれば、施された鍍金は刻字の内面には達しておらず、それは像の完成と銘文が必ずしも同時期になされたのではないことを示す。確かに像は六〇七年に完成したことがその銘に記されているが、銘文自体の作成がいつであったのかを示す手がかりはない。

また書体、文体からも銘文が推古朝のものであると考えることには疑問が多く提示されており、結局は若草伽藍《わかくさがらん》焼失（六七〇）の後に、後背銘が刻まれたというのが現段階での定説である。

②は、中宮寺所蔵の最古の刺繍として鎌倉時代に発見された有名な国宝である。聖徳太子の死後、妃橘大郎女《たちばなおおいらつめ》が天寿国における太子の往生を図にしたものであり、本来は繍帳二張が存在したとされるが、断片しか今は残ってはいない。

『上宮聖徳法王帝説《じょうぐうしょうとくほうおうていせつ》』に繍帳に刺繍された四〇〇字からなる銘文が採録され、そこに「斯帰《しき》斯麻《しま》治天下天皇」と欽明天皇の名称が記されているが、現存の実物断片はその個所を含んでいない。

いったい、鎌倉時代に発見された天寿国曼荼羅繍帳は、橘大郎女が制作したそのものなのか、発見に至るまで補修などの手がどのようになされたのか、さらには銘文が作成当初から現在そうである亀の甲羅のなかに刺繍されていたのか等々がはっきりせず、天寿国曼荼羅繍帳を天皇号登場の実証資料として使うことは、危ういと言わねばならない。

③船王後墓誌は、渡来系船氏の王後なる人物の墓誌で、江戸時代に柏原市国分《こくぶ》松岡山から出土したと伝えられ、現在三井記念美術館が所蔵する国宝である。墓誌には、王後は舒明天皇の末年辛丑年（六四一）に没、天智天皇戊辰年（六六八）に夫人と合葬されたと刻まれ、そこに王後が仕えた天皇の名が、「等由羅《とゆら》宮治天下天皇」（推古天皇）「阿須迦《あすか》宮治天下天皇」（舒明天皇）と記されている。

しかし、文中には「官位」という語が使われており、これは飛鳥浄御原令以前の用語と見なすことは難しいことから、墓誌は天武朝末年以降に船氏の墓域を確定するために追葬されたとするのが定説となっている。

④野中寺金銅弥勒菩薩台座銘。大正七年（一九一八）五月に、野中寺宝蔵の塵埃の中から発見された仏像であり、その台座に次のような銘が記されていた。

丙寅年四月大□八日癸卯開記栢寺智識之等詣中宮天皇大御身労坐之時誓願之奉弥勒御像也友等人数一百十八是依六道四生人等此教可相之也

この仏像の制作をめぐっては、仏像の様式、一千年以上を経た大正期であったという出現の経緯などから、さまざまな意見が出され、学界での論争を呼んできた。

銘文「丙寅年」が天智称制五年（六六六）であり、この年に台座銘が記されたとすれば、天智朝における天皇号存在の有力な資料となる。

ここで、注目せねばならないのは、銘文の「詣中宮天皇」である。「詣」は、漢文では空間の移動、「某所に至る」という意味で使用され、とりわけ、機関、役所に出頭する場合に使われる語であり、これは『日本書紀』をはじめ日本側の史料でも同じい。そこからこの一文は、「中宮に詣り、天皇……」と「中宮」で断句せねばならない。

令によれば、中宮とは、皇后宮、太皇大后・皇太后宮のことを指すとあるが（『令義解』職員令・

中宮職（〈中宮〉、皇后宮を謂ふ、其れ太皇大后・皇太后宮、亦た自ら中宮なり〉）、中宮が官署となったのは、いつの頃なのか。本書ですでに言及したが、皇后という称号は天武初年に定められ飛鳥浄御原令に規定された。かかる皇后、皇太后、そしてその機関である中宮が、令によって体系化される以前の天智称制五年段階で成立していたと考えることは難しい。

私は、この銘文を以下のごとくに訓読する。

丙寅年（六六六）四月大□八日癸卯開、記す。栢《かしわ》寺の智識（之）等、中宮に詣《まい》る。天皇の大御《おおみ》身《み》、労《つかれ》し坐《いま》せる時なり。誓《ちか》願いて（之）弥勒御像を奉らんとす。友等の人数は一百十八、是に依り、六道四生の人等は此の教に相《した》がうべき（之）なり。

銘文中の「之」は、語調を整える、もしくは、強調の助辞として使われているようで、正統漢文の用法から外れており、「坐《います》」もいわゆる和化漢文であるが、銘文が語る野中寺弥勒菩薩献納は、以下の経緯であったといえよう。

斉明天皇が崩御したのは、六六一年のことであった。病気治癒のため栢寺の知識（寄進者）たちが仏像造立を願って寄進をおこなったのは、斉明天皇存命中、つまり六六一年以前であったと考えねばならない。「丙寅年」とは、天智五年（六六六）である。そして、その翌年二月戊午（六六七）、斉明天皇と間人皇女を小市岡上陵《おちのおかのうえ》に合葬した。

「丙寅年四月八日記」の「記」は、日本の仏像や刀剣の銘文でも見られるが、もともとは、中国の文書用語である。「以下の事実を記録する」「丙寅の年の四月八日の記録」という意味で、斉明天皇の合葬を前にして、斉明存命中の栢寺の知識たちの善行を記録したのであり、必ずしも弥勒仏台坐に銘文を刻んだ年月日を「記」としたわけではない。また仏像の装飾文様の部分と銘文の部分は相違があり、装飾部分は、線刻の後で鍍金を施しているが、銘文は仏像の鍍金の後に刻されたと報告されており（奈良国立文化財研究所飛鳥資料館編『飛鳥・白鳳の在銘金銅仏』、藤岡穣「野中寺弥勒菩薩像について――蛍光X線分析調査を踏まえて」）、造像は天智五年であったとしても、銘文の刻字は同じ時期ではなく、それより後の時代、先に述べたように「中宮」の語から見て、天武朝初期になってのことと考えて差し支えないであろう。銘文は、「丙寅四月八日」の記録を採録したのだが、銘文作成の段階ではすでに「天皇」の称号が存在していたので、「天皇大御身労坐之時」と表現した。つまり仏像献納の計画、そのいきさつの記録、造像、台坐銘文の刻字（その段階での表記の修正）は、時を異にして遂行されたのである。

以上四点の文字資料からは、推古朝、天智朝に天皇という称号が存在していたことを実証できず、むしろ天武朝、飛鳥浄御原令以後に天皇号が登場することを示唆していると言ってもよかろう。

二　天皇号に先立つ称号

「天皇」という語は、中国の古典に確認できる。『史記』始皇本紀にみえる「皇帝」の称号を定めるに当たり、臣下が「古には天皇あり、地皇あり、泰皇あり。泰皇、最も貴し」（『史記』始皇本紀）と上奏した中に「泰皇」「地皇」と並んで見え、そのほかにも、「天皇大帝」「天皇上帝」という名称も典籍には散見し、それは「天の上帝」「天帝」に通ずる語であった。また別に、北辰と結びつく「天皇大帝」という道教の神の名がある。「天皇」という二字の名称自体は、中国に古くから存在していたことは周知のことである。

しかし、日本の天皇号が、かかる中国の「天皇」「天皇大帝」の語に由来するのであろうか。確かにそういった説もこれまで出されており、また現在もそれを支持する研究者は少なくない。ただこの語がなぜ採用されたのかの理由、その段階的過程、言葉の意味、和音呼称からして、私は中国古代の「天皇」、北辰の神聖化としての「天皇大帝」などを日本における天皇号の由来とする説には従えない。

いったい、「天皇」という称号が生み出されるまえに、倭国の首長はどのような名称をもっていたのか、これまで「大王」「天王」などの説が出されてきたが、有力なのは、「大王」「治天下大王」であり、私もそれに異論はない。「大王」の称号が「天皇」に先だつものであったことは、以下の事柄でもって確かめられるのである。

第一には、すでに挙げた稲荷山古墳鉄剣および江田船山古墳鉄刀に「獲加多支鹵大王」「治天下獲□□□鹵大王」と「大王」という二字がワカタケル（雄略天皇）の称号として見えることは、五世紀後半から六世紀にかけて「大王」という名称が、天皇に先立つ称号であることを示すに他ならない。

第二には、遣隋使に関しての『隋書』東夷伝に、「倭王、姓は阿毎、字は多利思比孤、号は阿輩雞弥（オオキミ）」と見え、また、『通典』『翰苑』にも、「倭王、姓は阿毎、名は多利思比孤、その国では阿輩雞弥（オオキミ）と号し、華では天児と言う」、「阿輩雞弥、自ら天児の称を表す」とあり、「オオキミ」が「大王」の和音呼称だとすれば、倭国では、「大王」の漢字表記が使われていたことを中国側史料が語っている。なお、「オオキミ」という和音呼称に関しては、後文でもういちど取り挙げることにする。

第三には、『日本書紀』は、「大王」という称号を「天皇」にすべて変更し、「難波宮治天下天皇」（孝徳天皇）、「近江宮治天下天皇」（天智天皇）などと記す。これはとりもなおさず稲荷山古墳鉄剣、江田船山古墳鉄刀から引き継がれる大王の正式名称「◯◯宮治天下大王」の「大王」を「天皇」と変更したものに他ならない。

「◯宮治天下大王」から「◯宮治天下天皇」の表記変更は、『日本書紀』に限らず、他には小野毛人《おののえみし》墓誌に「飛鳥浄御原宮治天下天皇」（天武天皇）と記され、法隆寺金堂薬師如来後背銘に

「池辺大宮治天下天皇」(用明天皇)、船王後墓誌に「等由羅宮治天下天皇」(推古天皇)、天寿国曼荼羅繍帳に「斯帰斯麻宮治天下天皇」(欽明天皇)とあり、それらの文物資料が天武・持統朝以後にかかることを我々はすでに知っている。

法隆寺金堂薬師如来銘には、別に「小治田治天下大王天皇」(推古天皇)という称号がでてきた。私は、この「大王天皇」という妙な呼称は、「大王」から「天皇」に表記を変える過程で生じたいわば「変更の名残」が巧まずして表れたものと見ている。

小野毛人朝臣墓誌は、「丁丑年(六七七)十二月上旬即葬」と埋葬の年が記されているが、銘文には「朝臣」の姓が見え、これは天武十二年(六八四)に制定された「八色《やくさ》の姓《かばね》」により、小野氏が朝臣を賜ったことに依り、墓誌は天武から持統朝に作成されたものと言える。

天皇の先立つ称号が「大王」であったことは、以上のことから明らかである。では、なぜ「大王」から「天皇」に変えねばならなかったのか。

三　大王から天皇へ

六世紀の倭国の首長は「大王」という称号で漢字表記された。それは、中国から賜与された「王」

号がその基底にあったと考えてもよいであろう――「大王」の「大」は「王」に尊厳をしめす接頭語であり、「王」、「大王」は、同じ意味の漢字表現といえる――。

やがて「皇」「大皇」も「王」「大王」も倭国の首長の漢字表記として使われるようになる。『万葉集』に見える左記のような歌が作られた七世紀~八世紀には、「オオ（ホ）キミ」という和音呼称が確立しており、その和音を「王」「大王」「皇」「大皇」の漢字で表したと言うことができる。

王者　神西座者　天雲之　五百重之下尓　隠賜奴　　歌番号〈205〉
（おおきみは　かみにしいませば　あまくもの　いほへのしたに　かくりたまひぬ）

皇者　神二四座者　天雲之　雷之上尓　廬為流鴨　　〈235〉
（おおきみは　かみにしいませば　あまくもの　いかづちのうへに　いほりせるかも）

大皇之　命恐　大荒城乃　時尓波不有跡　雲隠座　　〈441〉
（おおきみの　みことかしこみ　おほあらきの　ときにはあらねど　くもかくります）

大王者　神尓之座者　水鳥乃　須太久水奴麻乎　皇都常成通　　〈4261〉

（おおきみは　かみにしいませば　みづとりの　すだくみぬまを　みやことなしつ）

国内で漢字「王」を和音で呼称している段階では問題はない。しかし、「王」「大王」という漢字で表記すれば、そこには、漢語「王」の本来の含意がでてくる。その「王」とは、漢代から中国の各王朝が周辺の異民族朝貢国の首長に中国皇帝への臣従を意味して与えた称号に他ならず、それは中国皇帝の四夷国に向けての外交文書において表記された。倭国は中国王朝から賜与される「王」という称号を二世紀から五世紀まで甘受して引き継いできたのである。「漢倭奴国王」「親魏倭王」「都督……倭国王」などは、すべてそうであった。

六世紀における倭と中国の外交の一世紀の空白は、倭国が隋に臣従する意識を風化させ、六〇〇年、六〇七年の遣隋使の国書には巧まざる対等の意識が自然に表れていた。もっとも、遣隋使の時代、つまり推古朝にあっては、王号に対する忌避は、それが存在したとしても、それほど強いものではなかったと言ってもよいかもしれない。いまだ「王」に代替する称号、つまり「天皇」が明確な形で文献・文物資料のうえで検証できないことが、かかる状況を暗示していると思える。そしてそれ以後、天智朝から天武朝にかけてが「大王」という称号から「天皇」への移行の半世紀であった。

「治天下大王」は、確かに和製の称号である。しかし、「王」の文字をそこに使う限り、中国が賜与した称号からは脱却できない。とくに中国との外交文書でその「王」を記すと、属国・朝貢国の首長という制度語としての意味を共有することになろう。そこで、同じ和語の発音として通用していた「皇」を「王」に替え、対外的漢語として使用する方向に向かうわけだが、いま「皇」に「倭」をつけて「倭皇」としても、やはり問題が残る。一つには、「王」と「皇」が国内では「オオキミ」であることから、「倭王」の呼称との区別に曖昧さが残り、「倭王」のイメージを払拭できないこと、第二には、「倭」という国名自体、前節で明らかにしたように、七世紀には忌避されるようになってきたこと、第三には、「大王」は、「倭」という地域を限定することなく「治天下」という修飾語を伴っていたこと、こういった理由から「皇」に「治天下大王」の「天」が接頭した「天皇」という新たな造語が登場し、「治天下天皇」という「天」の字の重複をさけて、「御宇天皇」となったのである。

「治天下大王」から「御宇天皇」への移行において、倭国における「天」「天下」の観念の変化を論じ、また「天皇」という称号に含まれる古代日本の天皇制のイデオロギーへと展開していく解説が少なくない。ただ、そこで「天」「天下」の漢語表記、そこには周以来の伝統的「天」の思想が含まれているのだが、倭国においても、自身の和語を漢字表記することから、さらに一歩進んで、漢字そのものの意味を考え、そこから「天皇」という称号を採用したのかということである。かりにそうなら「天下」と「御宇」の漢語の相異も考慮せねばならないし、また「アメ」という和語と「天」という漢語の相異についても、より実証的な説明が必要である。私は、日本的「天」の観念の形成が「天皇」という語を招来したという考えにはいまのところ従えない。「大王」から「天皇」への移行の直接的原因は、「王」からの脱皮と、その背景にある「王」と「皇」の漢語と和語発音のダブルスタンダード、「治天下大王」の「王」が「皇」に、「倭王」の「倭」から「天下」へ、そして「天下天皇」の「天」の重複の回避という文字排列に求めるべきだと考える。

【天王】

天皇に先立つ名称は、「天王」であるとの説が従来から出されている。天王説は、漢語の「天王」の意味と用法が日本での「天皇」に近いということ、および「大王」が単なる敬称でしかなく称号ではないという観点からの説である。それらは、漢語の語意と中国での用法に依拠したもので、和語、和音、そして「王」という字の日本側における特殊性ということに対する考慮がなされていない。また、日本側の史料の中で、次に挙げる二つの例を除いて、「天皇」に通ずる「天王」の称号は検証できない。

i『日本書記』雄略天皇五年秋七月

「百済新撰に云う。辛丑年、蓋鹵王、昆支君《こんき》を遣わし、大倭に向かい、天王に侍り、以て先王の好を脩めしむるなり」。

ii『日本書紀』雄略天皇二三年四月

「百済の文斤王《ぶんきんおう》、薨ず。天王、昆支王の五子の中、第二の末多王《また》、幼年にして聡明なるを以て、勅して内裏に喚す」。

『百済新撰』の条文は、『日本書紀』の編者が全く手を加えることなく引用したのだろうか。そこに見える「大倭」も、「大」が加筆されたとも言われている。また、iiの「天王」に関しては、古本の系統に属す宮内庁本、前田本は、「天皇」に作る。さらにいえば、雄略紀の他の部分は、「天王」ではなく「天皇」となっている。このことからすれば、『日本書紀』にみえる「天王」は、「大王」とあったのを編纂のとき、大王をすべて「天皇」に直そうとして、「皇」と「王」が通用することから「天皇」を「天王」としてしまった結果ではなかったかと私は考えている。

【御宇天皇】

「御宇天皇」の表現は、慶雲四年（七〇七）の威奈《いな》卿墓誌に「檜前五百野《ひのくまいおりの》御宇天皇」（宣化天皇）の表現が見え、『続日本紀』慶雲四年四月庚辰に見える宣命体詔に、「難波大宮御宇掛母畏支《かけまくもかしこき》天皇命」とある。「某宮治天下大王」が「某宮御宇天皇」に代わったこと、および七〇七年段階ですでに「御宇天皇」の称号があったことがここから確認される。養老公式令・詔書式には、「明神御宇日本天皇詔旨」と明記されているが、養老令に先立つ大宝令にも「御宇天皇」という表現が明記されていたと考えてもよいであろう。そして本書ですでに述べたが、天皇号が飛鳥浄御原令で存在したとすれば、「御宇天皇」の正式名称もその段階で「治天下大王」にかわって制度化されたと考えてもよかろう。

「御宇」という語は「宇内を御す」として『史記』にも見られ（『史記』陳勝《ちんしょう》列伝「及び始皇に至り、六世の余烈を奮い、長策を振るって宇内を御す」）、「宇内」とは「天下」を意味し、「御」とは、「治」のことである（『尚書』泰誓《たいせい》「越我御事（伝、御とは、治なり）」）、また「御天下」という表現もある（「若し我れ徳を修めて天下を御すに非らざれば、三祖の基業は、一朝にして地に墜つ」（『宋書』巻六八・孝武十四王伝））。

「治天下」が「御宇内」に変化する過程に無理はない。先に示した『続日本紀』慶雲四年四月庚辰に載る口頭伝達である宣命詔は、「なにはのおほみやに　あめのしたしらしめしし　かけまくもかしこき　すめらみこと」と発音されたことは、間違いなく、「治天下」が「御宇」となっても、「あめのしたしらしめす」の和訓は同じであったとみてよい。ただあえて「治天下」を「御宇内」にしたのは、一つには「治天下大王」の表現を「王」

だけを変えるのではなく、全体を一新するため、また一つには、先に述べた「治天下天皇」とすれば、「天皇」の「天」が「治天下」から取り、そのうえに「治天下」とすれば、「天」の字の重複が生じることを避けたとみたい。

以上、天皇号の成立を考えてきた。称号「天皇」は、天智朝にはいまだ成立しておらず、天武朝になって新たに造語されたいわば和製称号であり、それが飛鳥浄御原令において明文化されたのであり、「明神御宇日本天皇」がその正式な称号であった。

すでに論じたことであるが、国号「日本」についても、それが創成されるのは、六七〇年以降の天武朝であり、浄御原令で制度化された。つまり、称号「天皇」と国号「日本」は、密接不離な関係をもって成立したと言わねばならない。

七世紀後半の政治情勢をたどることで、これまで述べてきたことをまとめてみよう。

四　白村江の戦いから壬申の乱

すでに取り挙げた「禰軍墓誌」が語る白村江の戦いは、日本史においては、「唐と日本（倭）との初めての全面戦争であり、倭は唐に大敗北を喫した」と説明されている。果たして唐はこの戦いを倭との二国間の全面戦争と認識していたかどうか、倭をそれほど外交上重要な強国と考えていたのか。私は疑問に思っている。確かに、倭国ではこの敗戦は国難であったし、それゆえ筑紫一帯の守りを堅め、また天智天皇の近江遷都にも繋がった。しかし、唐にとっては、あくまで百済平定の戦後処理、百済残党の一掃であり、また不穏な動きをする高句麗を意識した戦いであったのだ。

白村江の戦いは、中国側史料としては新旧『唐書』の劉仁軌《りゅうじんき》伝、および東夷伝に記載が見える。しかし関係する記事はあくまで百済の残党と唐との戦いとして叙述されている。

俄にして余豊《よほう》は福信を襲殺し、又た使を遣わし高麗および倭国に往きて兵を請い、以て官軍を拒まんとす。……仁軌は乃ち別率《べっすい》（東夷伝は「及別帥」に作る）の杜爽《とそう》、扶余隆《ふよりゅう》らと水軍、及び糧船を率いて、熊津江より白江に往き、陸軍と会して同に周留《しゅうる》城に趣く。仁軌、倭兵と白江の口に遇い、四戦して捷《か》ち、その舟四百艘を焚く。煙焔は天に漲《みなぎ》り、海水は皆な赤し。賊衆は大いに潰《つい》え、余豊は身を脱して走《に》げ、その宝剣を獲る。　『旧唐書』劉仁軌伝

他の史料もあらましこの劉仁軌伝以上の詳しさをもつものではないが、敵はあくまで百済王の扶余豊（豊璋《ほうしょう》）であり、唐側では倭国を援軍としてしか見ていない。それ故、『旧唐書』の東夷伝は、百済の条にこの戦いを記載し、そこでは、「仁軌、扶余豊の衆と白江の口に遇し、四戦して皆な捷《か》つ。其の舟四百艘を焚く……」と「倭兵」が「扶余豊」となっている。また、『新唐書』は高宗本紀にも戦いを簡単に記すが、そこでも百済との戦いと位置づけられている。

（龍朔三年）九月戊午、孫仁師《そんじんし》、百済と白江に戦い、之を敗る。

「倭と唐の全面戦争で、倭の水軍が白村江で大敗した」、その解釈はいささか日本側の自意識過剰なのではなかろうか。唐にとっては海の向こう、絶域の倭は単なる百済の援軍でしかなく、当面の撃退すべき敵は百済の残党であり、また朝鮮半島の制圧であったのだ。敗戦によって、唐が返す刀で進軍してくるのではないかと戦々恐々としていた倭とは違って、唐が和平の使節を派遣するといった拍子抜けの展開となるのは、両国の意識の差を物語る。

〝自意識の過剰〟は、確かに日本側の一人相撲であったかもしれない。しかし、白村江での敗戦は、間違いなくその後の倭国の内政を大きく変えていき、近江遷都、国家制度の整備、天智天皇の死、それに続く六七二年の壬申の乱へと突き進んでいくのである。かくして登場した天武天皇がめざしたもの、それは推古朝以来、漠然とした無意識の対等の段階にとどまっていた対中国意識を、より明確な意識的対等の段階に位置づけた新しい国づくりであった。その具現は、中華の皇帝に臣従する「王」という称号を甘受せず、「天皇」という独自の称号を立てること、「（中華に）柔順な国」という「倭国」がもつ屈辱的な国名を「日本国」に変更し、中華と夷狄の関係を清算することであった。飛鳥浄御原令に記された「御宇日本天皇」の名称は、その法制化に他ならない。白村江の敗戦と壬申の乱の勝利が、かかる流れを決定づけたといえよう。

国号「日本」は、それまで東方という意味であった漢語を転用し、称号「天皇」は、「治天下大王」にかわる独自の和製語であるといった成立の背景は異なるが、華夷秩序からの脱皮と新しい国家の創成を目した改名という点で、両者は方向を一にする。新たな国号と称号の【国内での名称の創成】は、天武天皇即位の六七三年以降であり、それが飛鳥浄御原令での【制度としての確立】を踏まえ、七〇二年、第八次遣唐使によって【外交上の正式国号の告知】へと展開したことをここに結論づけるとともに、遣隋使でもって開いた中国と日本との外交の第二期の閉幕としたい。

第Ⅲ章　第三期　その後の日本と中国

第一節　七〇二年以降の中国の対応

一　国号「日本」のその後

第八次の遣唐使で、執節使である粟田真人は、国号を倭から日本に変更することを告げた。その時、称号も「倭王」から「日本国王」もしくは「日本天皇」に変えると唐側に伝えたのか、このことは史料では確認できないが、国号に限っていえば、唐側が変更を受け入れたことは、その後の中国の史料から検証できる。

『六典』巻三・戸部尚書「河南道」の条の最後に、「遠夷は則ち海東の新羅・日本の貢献を控える」と見える。『六典』は開元十年（七二二）に編纂が始まり、開元二十七年（七三九）に完成したのだが、七〇二年からさほど経ずして「日本」の国号が『六典』でその地位を得ているのである。

また『文苑英華』巻四七一・翰林制誥《かんりんせいこう》・張九齢《ちょうきゅうれい》にも、「勅、日本国王主明楽美御徳、彼れ礼義の国、神霊の扶《たす》ける所、……」と「日本国」が勅に明記されている。これは、天平五年（七三三）に入朝した遣唐使・平群広成《へぐりのひろなり》が翌年に帰国の途に就くが、遭難してしまった時に彼の保護を命じた勅である。

さらに、『冊府元亀《さっぷげんき》』巻九七〇・外臣部には「長安三年、十月、日本国、その大臣朝臣・眞（真）

人を遣わして方物を貢ぐ」と第八次遣唐使を載せ、『冊府元亀』は、それ以前を「倭国」とし、以後を「日本国」と国名表記を確かに変えている。

行政書、詔勅、類書だけではない。李白が友人であった阿倍仲麻呂（中国名：晁衡）の帰国と遭難に対して作った詩「晁卿衡《ちょうけいこう》を哭す」には、「日本晁卿《ちょうけい》 帝都を辞す、征帆《せいはん》一片 蓬壷《ほうこ》を繞《めぐ》る」とあり、また王維の詩題も「秘書晁監の日本国に還るを送る」とある。仲麻呂が帰国を試みたのは天平勝宝四年（七五二）から同七年（七五五）にかけてのことだが、唐の詩人達にも「日本」の二字は、早く定着していたのだ。

日本側の注目される史料としては、次の二つを挙げておきたい。

一つは、「山上億良の大唐《もろこし》に在りし時、本郷《くに》を憶いて作りし歌」の題で有名な『万葉集』の次の歌である。

去来子等　早日本辺　大伴乃　御津乃浜松　待恋奴良武　〈63〉
（いざこども　はやくやまとへ　おほともの　みつのはままつ　まちこひぬらむ）

この歌は、第八次遣唐使が帰国の途に就いた時に、同行していた山上億良が詠んだとされる歌である。「はやく（早く）やまと（日本）へ……」は、新しき国の名前「日本」を歌に読み込んだとみるのが有力であり、ここの「日本」は「にほん」と発音すべきともいう説すらある。

「早く日本へ」を「にほん」と発音することに私は躊躇するが、新しい国名の宣言を読み込んだと解釈することに関して一理はある。ただ、この歌の「日本」をめぐっては、今少し検討の余地が残されており、ひとまず保留にして後にもういちど考えることにしよう。

国号「日本」を意味した確実な史料としては、むしろ釈弁正《べんしょう》の五言絶句を挙げたい。弁正も第八次遣唐使で唐にわたり、当時まだ皇太子であった玄宗皇帝に囲碁が上手であったことから厚遇されたが、帰国できずに唐で死亡した。弁正の「唐に在りて本郷を憶う」と題する五言詩が『懐風藻《かいふうそう》』に収められている。

日辺瞻日本　　日の辺に　日本を瞻《み》て
雲裏望雲端　　雲の裏《うち》に　雲端を望む
遠遊労遠国　　遠遊　遠国に労《いたつ》き
長恨苦長安　　長恨　長安に苦しむ

漢詩は同じく唐に渡った弁正の子の朝元《ちょうげん》が父の死後、養老二年（七一八）帰国した際に携えたものと考えられる。つまり、漢詩は七〇二年から七一八年までに作られたとしてよかろう。「唐に在りて本郷を憶う」――この「本郷」は、日本国のことなのだが――は、いくつかの興味深い事柄を我々に知らせてくれる。

一つには、粟田真人が国号の変更を告げた後、さほど時を経ずして新しい国号が漢詩に読み込まれたということである。つまり、この詩は、国号「日本」の普及を示す最も古い史料といえるかもしれない。「日辺瞻日本」の「日本」は漢語であり、和語（万葉仮名）の億良の歌とは、違う。ここで、私が「漢語」と「和語」と言ったのは、弁正詩の「日本」の読みは、「やまと」という和音ではなく華音（以後、漢音、呉音と区別するために、中国での音一般を「華音」と表現する）であることを確認したかったからである。つまり、発音のうえでの奈良の大和との曖昧さは弁正詩にはなく、「日本」が国名であることは、明らかである。

今一つは、初めの句の「日辺に日本を瞻る」（日の出づるあたりに、日本が瞼にうかぶ）では、「日辺」の「辺」は「漠然としたそのあたり」との語義、「日本」の「本」は「まさにその本源」という意味で、両者は対になっている。つまり先に言及した「日本」は、「日出」から派生し、「本」は「生れ出づる根源、本源」を意味するとの解釈の傍証となろう。

弁正「唐に在りて本郷を憶う」の五言詩について、私はこの詩をどう評価していいのか、迷うところがある。弁正詩は、『懐風藻』に見られる他の詩に比べ、平仄《ひょうそく》の方式に従い、「二四不同」（二字目と四字目の平仄を異にする）も守られている。ここの「日本」が華音で発音されたことは、そこからも判明する。

それだけではない。一句の中で同じ文字を第一字と第三字、もしくは第一字と第四字に置く（双擬対《そうぎたい》）の技法をとり入れ、普通は、一、二句だけにそれを採用するのに比して、弁正は四句すべてに採用している。

日辺瞻日本　●○○●●　（○：平声、●：仄声）
雲裏望雲端　○●●○○
遠遊労遠国　●○○●●
長恨苦長安　○●●○○

さらにいえば、国号「日本」とその原義「日の本」を掛け、「長恨」に対する「長安」も、「長く続く安寧」と唐の都の名との掛詞となっており、しかも、「日本」と「長安」を初句と結句に配置する。さらに「日」と「長安」はどちらが遠いのかと聞かれた晋明帝の返答をめぐる故事（『世説新語《せせつしんご》』夙恵《しゅくけい》）をもそこに込める。日本人でありながら当時の作詩の方式、技法にほぼ従い実践していることは、驚きに値する。

しかし、あまりに形式を墨守し、双疑対を多用することで、この詩は逆に文学性を減殺してしまっているのではと思えてならない。弁正はそれを承知の上で形式主義をことさら示した遊戯的な試みなのだろうか。その意味で、私にはこの弁正の詩意が理解できないのである。


以上、国号「日本」を唐王朝は速やかに受けいれ、以後の各王朝も日本という国号を国書で用いている。

文永の役（一二七四年）に先立って、フビライが至元三年（一二六六）に日本の朝廷に送った国書は「(大蒙古国) 皇帝、書を日本国王に奉ず」(『高麗史』元宗世家、『元史』世祖本紀、東大寺尊勝院《そんしょういん》写本) という書き出しであり、『明太宗実録』、『明史』外国伝に見える足利義満(道義)、義持への文書も「日本国王」と表記し、かつての「倭」は、海賊倭寇に対する卑語として区別している。とにかく、国号「日本」が国内外で定着していく中で、一般語「日本」が使われなくなったわけではない。ただ「東方」「日のもと」という意味から、日輪そのものに広がっていったことを付記しておこう。

すこし時代が降るが、村上天皇崩御(九六七)の後、枇杷大納言延光《びわだいなごんのぶみつ》の夢枕に天皇が現れ、

月輪日本雖相別　温意清涼昔至誠

(月輪と日本、相い別るると雖も　温意、清涼は、昔より至誠たり)

との詩を詠んだと『古今著聞集《ここんちょもんじゅう》』巻四に見える。月輪と対になるここの日本は、東と西に分かれる月と日をふまえており、日輪に他ならない。東方という語義を淵源とする「日本」は、倭国に替わる国名となるとともに、一般語としても「日の出づるところ」から「日」そのものの意味を含むようになっていったといえようか。

二　称号「天皇」のその後

国号「日本」に関しては、以上で明らかにしたように、七〇二年以降、中国国内でも受け入れられ、また浸透していった。では、称号「天皇」については、どうであったのか。

大宝公式令には、「御宇日本天皇」とあり、飛鳥浄御原令にもかく規定されていたことは、すでに繰り返し述べてきた。第八次の遣唐使が、国号を「日本」にすると唐に伝えたとき、「王」「大王」を「天皇」という称号に変更することも明言したのかどうか、少なくとも唐側の史料は黙して語らない。そればかりか、すでに引用した『文苑英華』巻四七一・翰林制誥・張九齢の「勅、日本国王主明楽美御徳、彼れ礼義の国、神霊の扶ける所、……」と見えることからすれば、唐は依然として「王」の称号を用いているのである。

『新唐書』東夷伝・日本には、確かに「彦瀲《ひこなぎさ》の子の神武立ち、更めて天皇を以て号と為し、治を大和州に徙《うつ》す」と記し、綏靖《すいぜい》から文武に至る天皇をその漢風諡号でもって列記している。しかし、この件は、入宋日本僧である奝然《ちょうねん》（九三八－一〇一六）が宋雍熙《ようき》元年（九八四）に齎した『王年代記』を約半世紀後に欧陽脩《おうようしゅう》が『新唐書』東夷伝に採録したもので、中国側が意識して「天皇」という称号を日本国の首長として明記したわけではない――『文苑英華』の「主明楽美御徳」については、後述する――。その後も中国の各王朝は、「天皇」の称号を無視するかの如く、「日本国王」を変えることはない。

唐末から宋の時代にかけて、日中間の交渉は、留学僧、商人の民間交易が主となるのだが、十三、十四世紀にはいると、中国王朝から日本の首長に向けて出された国書が史書に取り挙げられてくる。前節であげたフビライが日本の朝廷に送った国書「皇帝、書を日本国王に奉ず」がそうである。

高麗は朕が東藩なり。日本は高麗に密邇《みつじ》し、開国以来、時に中国に通ずるも、朕が躬に至りて、一乗の使の以て和好を通ずる無し。尚、恐らくは王の国の之を知ること、未だ審らかならざるを。故に特に使を使わして書を持せしめ、朕が心を布告し、今より以往、通問して好みを結び、以て相い親睦せんことを冀《こいねが》う。且つ、聖人は四海を以て家となす。相い好みを通ぜざるは、豈に一家の理《ことわり》ならんや。以て兵を用うるに至るは、夫れ孰れか好む所ならんや。王それ之を図れ。

（『高麗史』元宗世家、『元史』世祖本紀）

ここに、国号「日本」は確と明記されているも、依然として「王」は変わらない。国書は大宰府から鎌倉幕府に、そこから都の朝廷に送られるという経緯をとるが、フビライが「王」としたためたその相手は、都の天皇である。それは、この国書が鎌倉幕府に黙殺された後、至元七年（一二七〇）に日本国信使として派遣された趙良弼《ちょうりょうひつ》がめざしたのが、都京都であったことから明らかである。なお、上京が許されないまま大宰府から帰国した趙良弼は、フビライに日本の君臣の爵号、州郡の名称、地理風俗の詳細を報告したというが（『元史』世祖本紀　至元十年六月）、説明をうけて天皇、将軍、執権などの名称とそれらの関係を元が理解したか、もしくはしようとしたのか、分からない。少なくとも次の明代の史料では日本の統治者の情報が反映されているとは言えない。

明洪武帝《こうぶてい》が派遣した使者・楊載《ようさい》が大宰府にやってきたのは、洪武二年（一三六九）二月辛未であり、携えてきた皇帝の璽書には、「賜日本国王璽書」との書き出しで、明への朝貢と倭寇の取り締まりを強要する内容であった。

……詔書、到るの日、如し臣たらんとせば、表を奉じて来庭せよ。臣たらざれば則ち兵を修めて自ら固め、永く境土を安んじ、以て天休に応えよ。如し必ず寇盗を為さば、朕、当に舟師に命じ、帆を諸島に揚げ、其の徒を捕絶し、直ちに其の国に抵り、其の王を縛るべし。豈に天に代わりて、不仁なるものを伐たざらんや。惟れ王、之を図れ。

『明実録』洪武二年二月辛未

「臣従しないのは勝手だが、その場合はせいぜい国土の安全をはかり、倭寇を取り締まれ。そうでなければ、兵を派遣し倭寇もろとも、王も捕縛して天誅を下さん」。かの、フビライの国書に似た脅迫めいた文書と言えるが、いまここで、指摘したいのは、国号は「日本」と明記されているも、やはり「王」という称号を使い「臣従」を強要していることである。

この時、大宰府征西将軍であった懐良《かねなが》親王は、使者たちを殺害しました拘留して、要求を撥ねつけたが、翌年に明は再び使者を派遣し、「使者をおくったが、音沙汰なく、王はことさらわが人民を擾乱するつもりか」と強い非難の詔を送り、臣従をせまる。洪武三年（一三七〇）三月に莱州《らいしゅう》府同知趙秩《ちょうちつ》が齎したその詔は、「日本国王良懐」と懐良の名前が見える（『明実録』洪武三年三月戊午、ただし『明実録』をはじめ『明史』は、「良懐」としている）。結局、翌洪武四年に懐良親王は、明朝廷に朝貢の使者をおくり、臣従することになるのだが、明と日本の外交は、その後、紆余曲折を経て展開する。

洪武五年（一三七二）に明からの使者が博多にやってきたとき、西征将軍懐良親王は、すでに勢力を失い、大宰府から撤退していた。代わって足利義満が、洪武七年（一三七四）に僧聞渓円宣《もんけいえんせん》（『明実録』では「宣聞渓」とする）を派遣して朝貢品を届けるが、明側は懐良を「日本正君」として、一介の大臣であり正式な国書を伴わない義満の申し出を拒否し、義満が「日本国王源道義」として明に受け入れられたのは、建文四年（一四〇二）二月のことであった（『善隣国宝記』応永八年）。

時代が降って明万暦帝が豊臣秀吉を冊封したときも、同じく「日本国王」という称号を賜与している（万暦二十三年（一五九五）正月二十一日「封日本国王平秀吉誥命」、『明史』神宗本紀）。

なお、ここで確認しておきたいことがある。それは、中国皇帝が周辺異民族諸国に与える称号は、

「国王」ではなく、「王」であることは、漢以後、一貫して変わらず、元・明においても同じであり、そこに「国王」の二文字は存在しなかったということである。唐においては、一般的に「蕃国」と言った周辺諸国の首長に皇帝は「王」という称号を与え、史料はそれを「蕃国王」(その略称が「蕃王」)と記す。それを「蕃の国王」「蕃の王」と読むことは不自然であり、やはり「蕃国の王」(略称「蕃王」)なる表記とせねばならない。

嗣王、蕃王、郡公、県公等の世子、品は並びに第四。　『隋書』百官志

開元八年九月。初めて正冬に朝会し、宴して蕃国王に見《あ》う。　『唐会要』巻二四

明清時代にあっても、ことがらは変わらない。

其れ蕃王に印綬及び礼物を賜うに、宣制して曰く。皇帝の勅使爾某、某国の王に印綬を授く、爾、其れ恭しんで朕が命を承けよ。　『明史』礼志

これを「某の国王」とは読めない。また『明実録』『明史』には、「日本国王良懐」「日本王良懐」、「日本国王源道義」「日本先王源道義」(道義《どうぎ》は義満の法名)と「日本国の王」「日本の王」「日本の先

の王」と記しており、「国王」という称号ではないことは明白である。

明王朝が日本の「君主」（統治者）を呼んだ称号は、一貫して「王」であったのだ。これはかの漢倭奴国王、親魏倭王の時代から変わらない。日本側が「王」を「天皇」と変更しても、また実質上の統治者が征西将軍、将軍、関白となっても、依然として「王」であった。

ただ、中国側が制誥《せいこう》を受け取る対象は誰か、「日本国王」に下すとしても、それは誰なのか、「王」と言っても、日本国内のどういう名称をもった地位にある者で、実権を有する統治者なのか、それらをはっきりと認識していたのかどうかは、大変疑問である。フビライの国書はまず大宰府を経由して鎌倉へそして都の朝廷へと一応は届けられているが、しかしそれに対応したのは、北条時宗であり天皇の姿は薄い。確かに、この時期、日本国内の権力構造が混乱し、朝廷と幕府の関係のみならず、執権北条氏内部でも鎌倉派と京都派の対立抗争があった。しかし、そのような事を元側が掌握していたとは考え難い。

明洪武帝の時代の懐良親王の場合もそうである。さきに挙げた洪武帝からの最初の文書には、「賜日本国王璽書」とあったが、翌洪武三年の詔には「日本国王良懐」として「良懐」と名前を誤る。「日本国の持明、良懐と立を争う」（『明実録』洪武七年六月乙未）、「時に良懐は年少く、持明なる者あり、之と立を争う」（『明史』外国伝）と、「持明《じみょう》」を人名と誤解し、洪武七年段階では、すでに四十歳半ばであった懐良を「年少」という。義満においても、はじめは征夷将軍、准三后《じゅさんぐう》という称号をもつことから相手にはしなかったが、建文四年になって一転「日本国王源道義」として称号を賜与している。

一連のこういった流れからみれば、中国側は、日本国王が誰でもよかったのではないか。天皇、将軍だから王としたのではなく、最初に王という称号があり、賜与する対象が、ある時には天皇であり、ある時には将軍であり、また関白であったにすぎない。蛮夷が中華に臣従してきたことを象徴するのが、中国皇帝が与える称号「王」であり、それを賜与することに意味があった。つまり、光武帝に朝貢してきた倭の国の首長を漢倭奴国王とし、卑弥呼を親魏倭王としたことと通底するのである。

さらに憶測が許されるならば、義満が最終的に「日本国王」を賜与された背景には、交易、倭寇の取り締まり等々の理由があったことは確かかもしれない。しかし、なぜ洪武年間には拒否されたのが、建文帝になって一転受け入れられたのか。そこにはすでに北の燕王《えんおう》（永楽帝）と対立し、南京陥落前夜にあって、建文帝が正統の中華皇帝であることを国内に顕示する意図が込められていたのではないだろうか。かの落日の南朝宋が倭王武に与えた称号、梁職貢図が描く倭の朝貢使との共通する背景を認めたい。

倭奴国王から日本国天皇へ、中国王朝は国名の変更は、受け入れたが、皇帝と臣従する王という中華の礼的秩序と、それを示す称号は変えなかった。華夷観念のなかで天皇という称号は、入る余地がなかったともいえる。「観念的倭」が常に「実体的倭」の上位にあったといえようか。

第二節　和音呼称と漢字表記のあいだで

「日本」「天皇」の成立をめぐっての本書で以上論述してきたのは、漢字としてどう表記し、表意文字としての漢字にどういう意味が込められたのかという観点からの考察であった。しかし、「倭」から「日本」、「大王」から「天皇」へと文字表記が改められるに従って、和音での呼称はどうなっていったのか、そこには、口頭での発音と表記された文字の間に生じる複雑で厄介な問題が横たわっている。

聖武神亀元年（七二四）に出された次のような詔を挙げよう。

詔曰。宜文則皇太夫人。語則大御祖…。（文（文字）では皇太夫人、語（口語）では、大御祖（おほみおや）とすべし）

『続日本紀』神亀元年三月辛巳

これは、八世紀初めにおいて、令が規定する「皇太夫人」の称号をめぐって、文章表現と口頭言語の区別を定める記事である。

一　オオキミからスメラミコトへ

日本列島で確実に漢字が使われたことを示す考古文字資料は、本書ですでに取り挙げてきた熊本江田船山古墳出土刀、埼玉稲荷山古墳出土剣である。刀剣の銘文は、和語を漢字の音をかりて表記する

①和音仮名（乎獲居臣（オワケオミ）、獲加多支鹵（ワカタケル）などの固有名詞）
②すでに漢文で確立している熟語（奉事、天下、百練利刀）
③漢字の意味を意識して和語を漢字で表記する和訓（来（して））

などが混在している。

ただ、①の場合は当時の漢字音「華音」での表記であり、③に関しては和語の意味に基づいてそれに相当する漢字表現を当てはめることで、和音でどう発音されたのかがある程度分かるが、②に関しては、分からない。そもそも、銘文は音声による伝達や諷誦を意識しているのであろうか。漢字は音を伴うことは言うまでもないが、漢字で書かれた文章に接して、視覚としてとらえた文字の意味を理解して「読む」、つまり黙読が普通であり、必ずしもそこに聴覚としての音が必要とは言えない。「天下」という二語を目にして、その熟語の意味を理解することで読解は満足され、その

字を「テンカ」「テンノモト」「アメノシタ」と違った発音でも意味は変わらず、読解に支障をきたすことはないと言ってもよい。

以上述べてきたのは、前一世紀から七世紀末までの時代、本書で区分した第一期に「倭」「王」がどう発音されたのかを考えることからはじめたいからである。「親魏倭王」を「シンギワオウ」と我々は呼称しているが、それは今日の仮称でしかない。中国では華音で呼称したことはいうまでもないが、賜与された称号、また「倭」「倭人」という中国が創成した国名を倭国はどう声に出して発音したのだろうか。

残念ながら、それを明らかにすることは、誠に難しい。「獲加多支鹵大王」の「獲加多支鹵」は、それが和音仮名であることから「ワカタケル」に近い発音であることが分かるが、「王」「大王」に関してははっきりしない。一般には「オオキミ」とされ、私もそうだろうとは思うが、いつから「オオキミ」と発音されるようになったのか、「倭王」の音を「ワノオオキミ」「ヤマトオオキミ」とかりに想定することにしても、「親魏倭王」「漢倭奴国王」は倭国内では、どのような和音呼称だったのか、私にはそれを検証する方法が見つからない。

極論かもしれないが、倭の五王の時代までの倭国では、「王」「倭」の定まった和音は、なかったもしくは必要とはされなかったのではないかとも思える。「開府儀同三司、使持節都督倭・百済・新羅・任那・加羅・秦韓・慕韓七国諸軍事、安東大将軍、倭国王」は華音で発音されたとしても、その和音呼称があったとは、およそ考えられないのである。官職名は文字表記することで事足り、和音で発音する必要はなかったであろう。ただ倭国内では、いつのころかはっきりしないが、自分たちの首長、領土（国）を和音呼称で「オオキミ」「ヤマト」と呼び、それを中国が賜与する「王」「倭」に対応させていったのではないだろうか。そこに、漢字表記が有する意味と、和音呼称がもつ意味との間にずれが生じることになる。

「オオキミ」という和音呼称が用いられたことが確認できるのは、中国側の史料がいう「阿輩雞弥（オオキミ）」（『隋書』東夷伝、『通典』辺防・倭、『翰苑』倭国）であり、それが隋開皇二十年の遣隋使からの情報に依ると考えれば、六世紀にはこの和音呼称は成立していたことは、間違いない。なお、この遣隋使の史料に関して、二点付記しておこう。

一つは、隋では「阿毎」を倭王の姓と誤解しているが、「阿毎」は「アメ（天）」の和語を漢字音で表記した和音仮名であることからすれば、倭国内では、「治天下大王」（アメノシタシラシメスオオキミ）の和音呼称も成立していたとみてよかろう。

今一つは、「阿輩雞弥」は、中国において和音を漢字で表記したもので、一般にいう日本における和音仮名とは異なる。遣隋使が「阿輩雞弥」という四字を国書に表記して隋に渡したのか、私ははなはだ疑問に思う。あくまで口頭で「アメノシタオオキミ」と口頭で伝え、それを隋側が文字記録に残したのであろう。倭国からの国書での文字表記は、その七年後の「日出づる処の天子」を待たねばならない。

大王から天皇へ文字表記が変わったのに伴い、和音呼称も「スメラミコト」となったことは、以下の史料がそれを示す。

辞、須売弥麻乃美己等と称す。

『令集解』儀制・天子

古記に云う、君とは、一人を指す。天皇、是れなり。俗に云う、須売良美己止なり。

『令集解』喪葬・服紀

古老曰く、珠売美万命、天より降りし時……

『常陸国風土記』久慈郡

勅、日本国王主明楽美御徳、彼れ礼義の国、神霊の扶《たす》ける所、……

『文苑英華』巻四七一・翰林制誥・張九齢

『古記』の解説からして、大宝令においてすでに「スメラミコト」の呼称が存在し、それは「大王」から「天皇」に改まるに伴い和音呼称も変わり、「御宇日本天皇」は「アメノシタシラシメススメラミコト」と呼ばれたのである。

『文苑英華』には、「日本国王主明楽美御徳」と見える。中国王朝が「スメラミコト」を天皇の和音呼称と認識していたのかといえば、そうではなかろう。「倭王卑弥呼」「倭王姓阿毎」さらに「日本国王源道義」「日本国王平秀吉」といった中国での共通した表記からすれば、「日本国王」に続く名称は、姓名とみなしていたと考えてもよい。

「須売良美己止」「主明楽美御徳」は「スメラミコト」との音であるようだが、「令集解」儀制「須売弥麻乃美己等」、『常陸国風土記』の「珠売美万命」からは、「スメミマノミコト」との呼称となる。「スメラ」にしろ「スメミマ」にしろ、その語義の依るところは定説がないが、『風土記』の「スメミマ」は、「皇孫（天孫大神の子孫）」をさし、スメ（皇）、御孫（ミマゴ：ミマ）に依るのかもしれない。

一方、「スメラ」は、首長をさす「スメロキ」「スメラギ」に由来するとも言われている。ただ、スメラはスブの連用形「スメ」に由来し、古代日本語において普遍的にみられるm音とb音の交替（ケブリ＝ケムリ、ヒボ＝ヒモ、ヌマ（沼・泥）＝ヌバ（黒））から「スベ」が「スメ」になりそれに接尾語の「ラ」がつき、「スメラ」となったと考えれば、「治」・「御」（スブ）、「天下」・「宇」（アメノシタ）から「アメノシタスメラ」と関連した和音との推測も可能かもしれない。いずれにしろ、スメラミコト（スメミマノミコト）の和音表記が一定していないということは、この称号があくまで口頭での和音呼称であり、文字表記ではなかったことを意味する。日本国においては、「王」を「オオキミ」と発音し、「天皇」を「スメラミコト」と発音する、和音呼称と漢字表記のダブルスタンダードを有しており、それを国外と国内で使い分けていたのである。

二　倭、日本、ヤマト

「ヤマト」という和語の語源に関しては、様々な説がだされているが、はっきりとは分からない。「邪馬台」について言えば、自分たちの国邑を「ヤマト」と呼んでおり、中国が一方的に定めた「倭」の字を「ヤマト」の、「倭国」を「ヤマトコク」（邪馬台国）の漢字表記として受入れたのか、その逆、「倭」と同じく、中国側が倭人の一つの国邑を「邪馬台」と命名し、その華音にしたがって「ヤマト」という和音呼称が成立したのか、二つの可能性がある。ただ、『隋書』東夷伝に、「倭国……邪靡堆に都す、則ち魏志の所謂《いわゆる》邪馬台なるものなり」（『北史』四夷伝・倭国は、「居於邪摩堆」に作る）と記し、邪馬台を「邪靡堆」、「邪摩堆」とも表記していることから考えれば、はじめに和音「ヤマト」があり、音に従って「邪」「馬」「靡」などの卑語をあてたと見る方に合理性があろう。

「ヤマト」が和語を起源に持つとして、国（国邑）の統治の中心地域が「ヤマト」という呼称をもち、やがて都城が置かれた地域を「ヤマト」といい、行政区画である大和《やまと》国が設置され、また統治組織（クニ）も同じくヤマト（倭）と呼ばれたという説は、『釈日本紀』開題、『神皇正統記』序論などに見えるが、「邪靡（馬）堆に都す……」という『隋書』東夷伝・倭国の解説とも整合し、『隋書』が編纂された六五六年の認識でもあったと言ってもよい。そして、国号が日本と改められても、その和音呼称は依然として「ヤマト」であった。

『続日本紀』天平十五年（七四三）五月癸卯には、次のような元正太上天皇の御製歌が載せられている。

蘇良美都、夜麻止乃久尓波、可未可良斯、多布度久安流羅之、許能末比美例波
（そらみつ　やまとのくには　かみからし　たふとくあるらし　このまひみれば）

「夜麻止（ヤマト）」は、日本国の万葉仮名表記であり、七四〇年代にあっても「やまと」と発音されていたことが確認されるのである。

ここで、「山上億良の大唐に在りし時、本郷を憶いて作りし歌」をいま一度取り挙げたい。

去来子等　早日本辺　大伴乃　御津乃浜松　待恋奴良武　〈63〉
（いざこども　はやくやまとへ　おほともの　みつのはままつ　まちこひぬらむ）

この「日本」は、「やまと」ではなく、「にほん」と読むべきとの説があることは、前にも述べたが、『万葉集』には、「いざこども　やまとへはやく」の句は高市黒人《たけちのくろひと》の次の歌〈歌番号280〉にも見られそこでは「倭」になっている。また国名としてではないが、「日本」を「やまと」と読む歌

も少なくない。

去来児等　倭部早　白菅乃　真野乃榛原　手折而将帰　〈280〉
（いざこども　やまとへはやく　しらすげの　まののはりはら　たおりてゆかむ）

阿倍乃嶋　宇乃住石尓　依浪　間無比来　日本師所念　〈359〉
（あへのしま　うのすむいそに　よするなみ　まなくこのころ　やまとしおもほゆ）

嶋伝　敏馬乃埼乎　許芸廻者　日本恋久　鶴左波尓鳴　〈389〉
（しまづたひ　みぬめのさきを　こぎみれば　やまとこひしく　たづさはになく）

憶良の歌の「日本」は、やはり「やまと」と発音されたことは、間違いない。では「早日本辺」の「やまと」は、新しい国名を宣言したことから、日本国をさしているのであろうか。通説はそう理解している。

しかしながら、天平八年の新羅使たちが詠んだ「筑紫館に至り、遙かに本郷を望みて凄愴《せいそう》して作りし歌」〈3652–56〉の「本郷」は、都である大和の意味であることからすれば、憶良の歌題の「本郷」も大和を指し、大和への望郷を歌ったとの解釈も、あながち誤りとは言えないのではないだろうか。

億良の詠んだ「日本」が、よし日本国を指していたとしても、そこにまた奈良の大和が重ねて読み込まれている、「やまと」と発音することで、それがもつ狭義の大和国と広義の国名の掛詞としての効果を持たせた、私は帰国を前にして詠んだこの歌に込められた望郷の抒情の重なりを読みとりたい。

第三節　その後の展開——ニホン・テンノウへ

一　ニホン、テンノウ

今日、一般には「日本」をニホン、「天皇」はテンノウと発音している。これは、いうまでもなく漢字の音読である。和音呼称つまり訓読から音読へ、いつごろどのような背景のもとで移行したのであろうか。

まずニホンについて考えてみることからはじめたい。

寛弘七年（一〇一〇）頃に成立したとされる『紫式部日記』に、紫式部が「日本紀」に造詣が深いと一条天皇が言ったので、「日本紀の御つぼね」とのあだ名をつけられたと、わざと（?）憤慨している件がある。今日伝わる『紫式部日記』は、十五世紀以降の写本であり、それらは「日本」

と漢字表記されているのだが、ここは「にほんき」と読むべきであろう――「日本紀」は、「やまとぶみ」とも呼ばれた『日本書紀』ではなく、漢文体の歴史書一般を意味する――。七九四年に完成した『続日本紀《しょくにほんき》』も、「しょくやまとき」「しょくやまとぶみ」と和語で読まれたとは思えず、八世紀後半には音読「ニホン」が一般であったのではないだろうか。

「スメラミコト」から「テンノウ」は、いま一つはっきりしない。というよりも、「かけまくもかしこき（言葉に出すことも畏れ多い）」存在である天皇は、「スメラミコト」と訓み、また文章表現でも「御門《みかど》」「帝《みかど》」「内裏の上」などと記され、「テンノウ」と音読呼称した例をみつけることは、難しい――先にあげた（一九〇頁）の『万葉集』歌番号〈441〉天平元年（七二九）の長屋王の変ののち、倉橋部女王《くらはしべのおおきみ》が詠んだ歌とされる、「おおきみ（大皇）の　みことかしこみ……」と歌詞《うたことば》では、天皇は「おおきみ」と詠まれている――。

天平勝宝三年（七五一）の序文をもつ『懐風藻』には、その序文に「鳳翥《ほうしょ》天皇」（文武天皇）との表現が見え、本文にも「文武天皇」の名をあげて三首の詩を載せる。詩は華音に従って諷誦されたと思えるが、序文、題目は諷誦を前提としていない。かりに発音されれば「テンノウ」と音読されたのかもしれない。

八世紀後半に淡海三船《おうみのみふね》が勅を受けて撰したとされる漢風諡号（『釈日本紀』述義）、それらは、当初は「神武の天皇《すめらみこと》」と読まれていた可能性は否定できないが、やがて音読の諡号に影響されて

「天皇」も音読されるようになったと考えたい――時代が降り、『今昔物語』（一一二〇年頃の成立）には、天竺、震旦の巻にも、君主をさして「天皇」との表現が少なからず見え、そこでは、天竺、中国の「天皇」をスメラミコトと呼んだとは思えず、音読して「テンノウ」と発音された可能性が高い。『平家物語』冒頭の「祇園精舎」には、「桓武天皇」の諡号を「くわんむてんわう」と語り物の系統をひく高良《こうら》神社本（十四世紀から十五世紀に筆写か）には、振り仮名がつけられている――。

以上の考証から、「ニホン」「テンノウ」という音読呼称は、ともに八世紀末から九世紀あたりから始まったと推測してよいのではないだろうか。

なお、「天皇」に関して、細かなことを言えば、本来は「てんおう」との発音であるが、ア、ヤ、ワの三行の音を頭音節に持つ語が、m, n または t を末尾に持つ字音語のあとに連続するとき、その頭音がマ、ナまたはタ行の音に転ずる連声《れんじょう》という平安時代からおこる音韻上の変化から「テンノウ」との発音になる。ただ、仮名のうえにはそれは現れず、発音表記は「テンオウ」と表記されるので、右の『平家物語』の例は、「てんわ（お）う」で問題ない。

さて、「ニホン」「テンオウ」といった音読呼称をすすめた背景だが、そこにはいくつかの要因が考えられる。

二　漢文訓読

一つには、漢文の諷誦、訓読である。

日本列島に漢籍が伝わってきたのは、五世紀から六世紀に朝鮮半島からであるが、それが多量にもたらされたのは、七世紀に始まる遣唐使による中国からの舶載書であった。当初は内典が主体で、外典は、律令制定の参考史料となる『唐律疏議』や一部の経書であったのだろうが、次第にその数が増え、また八世紀中旬に吉備真備《きびのまきび》の尽力で多くの漢籍が将来され、九世紀末に編纂された『日本国見在書目《にほんこくげんざいしょもく》』では、約一万七千巻を掲載するに至る。

かかる漢籍はどのようにして読解されてきたのであろうか。現在、我々は漢文を読むにあたり、日本語のそれに合わせて順序を変えて読むやり方、つまり訓読という方法をとり、その順序を示す訓点を使うが、かかる訓読法がでてくるのは、八世紀末から九世紀にかけての平安時代であるとされる。七、八世紀つまり飛鳥奈良時代においては、あくまで外国の文章として、並んでいる文字にそって直読していたに相違ない。その場合の読解には、文章を目で追って読む黙読と、実際に声を出して読む音読の二種がある。後者は今日まで続く仏教経典の諷誦で、奈良時代には呉音による音読が一般であり、職員令・大学寮には音を教える音博士《こえのはかせ》が見え、学令には、音博士のもとでの経書の素読（白読）が規定されている。この音博士としては、『日本書紀』持統天皇五年（六九一）九月壬申に「音博士、大唐の続守言《しょくしゅげん》、薩弘恪《さっこうかく》」の名前が見え、唐人が華音による音読を教授したことが分かる。

対して前者の黙読は、書かれている漢字の意味を当時使っていた和語の意味に置き換えて、おおよその文意を頭の中で理解していくという方法である。ただそれは、漢文の一字一句の意味と、漢字が構成する複合語・熟語を厳密に解釈し、また日本語の順序に忠実に置き換えていったのかといえば、私は疑問である。一例をしめそう。

山上億良の「去来子等早日本辺」、この「去来」は、『万葉集』のなかで他にも、「去来児等倭部早白菅乃」〈既出〈280〉〉、「去来結手名（いざむすびてな）」〈10〉などと「いざ」と和訓される例が挙がる。『万葉集』だけではなく、『日本書紀』履中天皇即位前紀に、「去来《いざ》穂別《ほわけ》天皇　大鷦鷯《おほさざき》天皇の太子なり〈去来、此れ伊奘《いざ》と云ふ。〉」とあり、「去来」を「いざ」と訓ずることは、八世紀初めから一般的であったと言える。

なぜ、この二字を「いざ」と訓むようになったのか。それは、陶淵明「帰去来の辞」の「去来」を「いざ」との意味に解釈したことによるのではないだろうか。「帰去来の辞」は、『文選』巻四五「辞」に収められており、『文選』は七世紀には、すでに中国から入ってきて、読まれていた。「いざ」という和語は、ある行動を思い立ち、実行に移そうとするときに発する言葉で、かの『伊勢物語』「東くだり」で知られている「名にし負わば　いざこととはん都鳥……」の「いざ」でもあるが、陶淵明の「帰去来」を「いざ　帰ろう」（後に「帰りなむ　いざ」との訓読となる）との意味にとり、「去来」の二字を「いざ」と和訓して、そこから「去来《いざ》」が普遍的となったに相違ない。

しかし、「帰去来」の「去来」を「いざ」の意味ととるのは、誤解である。誤解は、先に述べた「書かれている漢字の意味を当時使っていた和語の意味に置き換えて、（漢字の一字一句を厳密に解釈せずに）おおよその文意を理解していくという」ことによるのであろう。

「帰去来」は「帰去＋来」の語構成であり、「帰＋去来」ではない。「去」は「帰」に接尾して「帰」という行為の方向を含意する助辞で「帰去」で「帰る」の意味となる。

> 晋の使郤克《げきこく》、斉に来りて、婦人、之を笑う。克は怒りて、帰去す。　『史記』十二諸侯年表
>
> 昔、延陵《えんりょう》の季子は子を嬴博《えいはく》の間に葬りて、郷里に帰らず。慎しんで我が子をして喪を持して帰去すること勿からしめん。　『後漢書』逸民伝
>
> 日落ちて応《まさ》に帰去すべきも、魚鳥は見に留連す。　『北史』梁鴻伝

一方、「来」は、「帰去」という行動を、自他ともに喚起し行動・意識の方向性を示す助辞である。「……しよう」「さあ……しよう」とでも訳すことができよう。つまり、「去来」という二字が「いざ」という意味をもって二字の熟語を構成する用例は、漢籍には見当らないし、感動詞として文頭に位置する漢文典拠も確認できない。

「去来」を「いざ」とする和訓は、『文選』にみえる「帰去来」を、「去来」の二字に注目し、それに「いざ」

という意味を漠然と当てはめた黙読が招いた誤釈に端を発するのである――なお、『万葉集』では「去来」を「いざ」ではなく、「……にける」と訓を与える歌も少なくない。「夜深去来（よそふけにける）」〈2018〉、「年序経去来（としぞへにける）」〈2019〉。これらは「去」を「に」、来を「ける」と、先に述べた「漢字の意味を意識して和語を漢字で表記する和訓」（二一五頁）にあたる――。

閑話休題。学令が規定する学ぶべき書は儒教経典が主体であったが、八世紀半ばから九世紀にかけて、帰国する遣唐留学僧、留学生の数が増え、漢籍の分量と種類も増大するに従い、より多くの知識人が漢文を読み、かつ漢文の構文、語彙を和文と対応させて正確に文意を理解しようとするようになった。訓読という読解法はその過程で生まれてきたといえよう。貴族社会では、『史記』、『漢書』、『文選』、『白氏文集』などに見える言葉、事柄を訓読でもって会話の中にちりばめ、教養として自慢しあうことが社交の場で行われていた。そのことは、所謂平安文学作品の中から容易に挙げることができる。

例えば、『枕草子』（十世紀末成立）第八段（『岩波古典文学大系』本）には、身分低くても門構えを高くしたという『漢書』于定国《うていこく》伝の故事が引用され、三十七段（同）には梨の花にことよせて、「梨花一枝《りかいっし》、春、雨をおびたり」と記していること、さらに四十九段に頭の辨（藤原行成《ふじわらのゆきなり》）の人となりをめぐって、「女はおのれをよろこぶもののためにかほづくりす。士はおのれをしる者のためにしにしぬ」と『史記』刺客列伝に見える予譲《よじょう》の言葉を引き、しかもそれは中宮定子との会話の中での漢文訓読表現であったことなどはその顕著な例である。なお、『史記』といえば、『紫式部日記』に、皇子が誕生した時の御湯殿《おゆどの》の儀に読書博士（文よむ博士）が『史記』『孝経』の文章を読み上げることが記されている。この場合も、華音による直読ではなく、訓読であったと推測してよかろう。

いま一つ、例を加えたい。嵯峨天皇（八〇九－八二三）在位の時、内裏に「無悪善」と書いた高札が立った。天皇が小野篁《おののたかむら》にそれを読めといい、篁はそれを「さがなくて、よからん」と訓読し、「嵯峨なし」と「悪（さが）なし」を掛けた。

『宇治拾遺物語』「小野篁広才事」に見えるこの話は、八四三年の承和《じょうわ》の遣唐使で渡航拒否し嵯峨天皇（上皇）の怒りをかって隠岐に流された篁と上皇の不仲を、後の時代のものが作り話としたもので、説話ができたのは、十世紀以後のことだろう。

右に挙げたいくつかのことがらは、十世紀には漢文の訓読が今日と変わらない段階に完成し、その漢文を暗記していた文人、知識人貴族が少なくなかったことを物語る。それればかりではない。小野篁の例についていえば、「無悪善」の三字は普通訓読すれば、「悪善、無し」と読むべきものを——「悪善」は、外典では「善悪」が普通だが、仏典では「悪善」と熟すことが多く、また仏典に頻見する「悪性、善性」、そこから「性（さが）」が導き出されたと思える——無理に訓読を変えることから説話に仕立てる戯事《ざれごと》なのだが、訓読というものが、戯事の材料を提供するほどに定着していたといえよう。

かく、訓読は九世紀から十世紀にかけて浸透していったのだが、その場合、動詞、助詞、副詞などの漢字は訓読みされ、名詞の読みは、華音による読みが日本語になまったいわゆる音読《おんよみ》が一般で、右の『枕草子』が引く「長恨歌」の「梨花一枝、春、雨をおびたり」は、先に「なしの花、よにすさまじきもの……」と和訓で述べ、それに対応して「梨花」「一枝」という二字の熟語が音読されている。刺客列伝の「士」「女」は、「をのこ」「をとめ」という和語呼称では読まれていない。

先の小野篁をめぐる『宇治拾遺物語』の文章には面白い話が続く。嵯峨天皇に「子子子子子子子子子子子子」の十二字を読んでみろと言われ、篁は、「ねこの子のこねこ、ししの子の子しし」と「子」の音(シ)と訓(コ・ネ)を巧みに使い分け意味の通る一文として読んだ。漢字の音読みと訓読みが漢文訓読において自在になされているこれは例証に他ならない。

かかる漢文訓読にみえる音読は、優雅、柔らかな和語表現の文脈において、強い調子を与え、硬軟相交わった中で、文章、会話ともに効果的な役割を果たすといえよう。訓読は、漢文の文章の黙読と音読(直読)から、漢文を和文の中に取り込み、豊かな文章表現を招来したのであった。また逆に平安文学の発展が漢文訓読を一層充実させたとも言えよう。もっとも、平安朝における漢文引用は、限られた漢籍からであり、また引用される漢文にも偏りが見られ、さらには必ずしも原文からの直接の引用でないことが指摘されている、しかしこのことが訓読を手段とした漢文の和文化を妨げることにはならないといえよう。

三　ヤマトからニホンへ

さて、問題の「ニホン」だが、これまで「ヤマト」と発音されてきた「日本」は、八世紀後半から九世紀にいたって、かかる漢文訓読の流れの中で、その発音が変わっていったのではないだろうか。国名としての「日本」は、もとより固有名詞ではあるが、その語源は漢語であった。また「日」に従う二字の漢語、例えば、八世紀以後、日本で愛読された『文選』を取り挙げるなら、そこには「日夕」「日中」「日月」「日夜」「日景」などの「日」に従う熟語が頻出するが、『文選』を訓読する時には、それらの語は音読みされたであろう。さらに国名としての「日本」も、それが明記されている『六典』もすでに日本に将来されている。訓読の成立と定着が、「日本」の発音に影響を与えたと考えたい。

さらに「日本」を「ニホン」とすることに掉さす出来事があった。

ヤマトという呼称は、都がおかれた奈良大和国、もしくは奈良盆地を指すともに、倭国、日本国の国名としての呼称を同時にもつ、つまり広義と狭義の二重の意味を有しており、その重層的呼称を意識して和歌も詠まれたと先に述べた。

持統天皇八年（六九四）に藤原京が造営され、元明天皇三年（七一〇）に平城京に遷都し、その後、一時的には山背国相楽郡《さがらのこおり》恭仁郷《くにきょう》に都がおかれ（七四〇）、また紫香楽宮《しがらきのみや》造営、天平十六年（七四四）難波京遷都と複雑な経緯をたどり、天平十七年（七四五）に平城京に戻った。延暦三年（七八四）に長岡京に、さらに七九四年に平安京へと都が移り、藤原京からほぼ一世紀にわたって都がおかれた大和の地から離れることになる。奈良盆地に都がおかれていた八世紀にあっては、ヤマトという呼称は都の地を象徴する呼称であり、都人はその呼称に執着したと考えられる。恭仁京も「大養徳恭仁大京《やまとのくにのおおみや》」と呼ぶことにしたのは（『続日本紀』天平十三年十一月）、そこに橘諸兄《たちばなのもろえ》の政治的意図、聖武天皇の天武天皇に対する憧憬があるとも指摘されているが、山背国を「大養徳国」として旧来の都の中に取り込んだ、それは、都人の「大和《やまと》」の呼称へのこだわりがあったといえないだろうか（大養徳を国名日本を意味するとする説もあるが、私はとらない）。

国名としてのヤマトが八世紀後半から九世紀にかけて、漢文訓読の発展の中で、ヤマトからニホンへと変化したことは、先に述べた。八世紀末、それは都が大和の地を離れた時期に重なる。そして九世紀には平安の都が名実ともにその地位を確固とし、もはや「大和」は平安貴族社会のなかで遠い存在となってしまった。表裏一体、重層的呼称である国名ヤマトと地域名ヤマトの紐帯が弱くなり、平安都人が大和国を意識しなくなったなかで、「日本」を「ニホン」と呼ぶ方向に傾斜していったのである。

結びにかえて――ニホンとニッポン

本書では、中国と日本の交渉を三期に分けて考えてきた。紀元前一世紀頃に中国の史書に登場した倭奴国（倭国）、倭国王の第一期、一世紀の空白を経て新たに交渉が始まる六〇〇年からの一世紀の第二期、それはいわば倭奴国、倭王を忌避して新たな立場の確立を模索した期間であった。そして第三期、第八次遣唐使が新しい国名「日本」を中国に通知した八世紀初頭における日本国天皇の誕生とその後である。その三つの時期における中華世界と倭（日本）の関係、交渉を本書では「観念的倭」と「実体的倭」という用語を用いて考えてみた。

論述してきた内容をもはやここで繰り返すつもりはないが、倭国王から日本国天皇への名称の変化は、中国においては華夷思想の堅持、日本の側からすれば華夷秩序からの脱皮がなした歴史的展開の中でとらえるべきであろう。そこには両国の国内政治が大きく影響していたのである。私は、本書の冒頭で、「国名、称号の成立は、国と国の相対的関係のなかで形作られていく」と言ったが、本書を終えるにあたり、それは少し訂正しなければならないかもしれない。

いま一つ、ことがらを複雑にしているのは、中国の漢字という表意文字が日本列島で受容され、倭人もそれを使用していったが、漢字で表現された言葉を、必ずしも中国と日本が全く同じ意味として使用したわけではなく、漢字表記が有する意味と、和音呼称がもつ意味との間にずれが存在していたことである。これは、時代の変遷による自然の経緯のなかで形成されたものもあれば、日本側が漢語を意識的に和語に置き換える、もしくは和語をもって漢語にあてるという操作もあった。「日本」「倭」「王」「天皇」という名称の変更は、かかる文脈の中で考えていかねばならないのである。

ところで、一つの疑問をお持ちの読者もおられるかもしれない。「日本」、その発音は「ニホン」、「ニッポン」どちらが正しいのか、と。

ニホン、ニッポンのこの問題は、なかなか難しく決定的な説はない。

NHK放送文化研究所「放送研究と調査」(二〇〇四年四月)には、次のような報告が載る。

　NHKに毎日寄せられる問い合わせのうち、昔から尋ね続けられてきた代表的なものに国名としての「日本」の読み方は「ニホン」なのか、それとも「ニッポン」なのか、というものがあります。国号「日本」の読み方は、公式に定められたものがありません。国レベルでは、昭和九(一九三四)年に当時の文部省臨時国語調査会が呼称統一案として「ニッポン」にすることを決議しましたが、政府で採択されず、正式な決定がないまま現在に至っています。

国語辞典などでもNHKの例が取り挙げられていて、この読み方は非常に難しい問題のようです。NHKでは、現在の放送用語委員会の前身「放送用語並発音改善調査委員会」が、昭和九年の発足当時に「正式な国号として使う場合は、『ニッポン』、そのほかの場合には『ニホン』と言ってもよい」という方針を決定していますが、それから七十年、現在「日本」はどのように読まれているのでしょうか。今回、調査すると、「ニホン」が61％、「ニッポン」が37％という結果になりました。また、年代別では、若い人ほど「ニホン」が増える傾向がありました。ゆれてきた「日本」の読み方は、今後、NHKの使用方針と異なる「ニホン」派が増えていくのでしょうか。

（メディア研究部・放送用語　宮本克美）

なぜ「ニッポン」が正式なのか、またなぜNHKが戦前の決定をそのまま墨守しているのか。「ニホン」「ニッポン」の読み方は、どちらが正しいか、何が根拠となるのか、世論の感覚できまるのか、との問いに、右の説明は十分に答えてはいない。

いったい、奈良時代のハ行の音は、「パ（pa）ピ（pi）プ（pu）ペ（pe）ポ（po）」に近かった、平安時代はじめに破裂性がやや退化してpからfの音に近い「ファ、フィ」のような音声になったというのが通説である。もっともそれは、今日、我々が耳にするパ・ピ・プ・ペ・ポではなく、両唇を摩擦することで生じるpとfの間の音で、奈良時代にはpの音により傾斜していたのが次第にf

音に近づいて行ったというのが正確ではなかろうか。

それをふまえて、倭から転じた国号「日本」の日本列島での読みは、「本」が奈良時代には「pon」に近い音であったことから「にっぽん」であり、次第に促音が発音されずに「にほん」となったとの解説がどちらかといえば主流と言えるかもしれない。しかし、私はその説明に疑問を持っている。まず、『万葉集』の時代、それを八世紀中ごろとすれば、国号「日本」は、「ヤマト」と発音されていた。国号を音読みするは、九世紀前後からであること、すでに本書の随所で述べてきた。つまり、奈良時代は、ニッポン「nipon」と発音し、それが普遍化していたのかということを改めて問い直す必要があろう。

「日」は呉音では、「ニチ」、漢音では「ジツ」であり、ニホン、ニッポン、いずれにしろそれは呉音であり、漢字発音が有する四種類の声調（四声）のうちの入声に属する。入声は末尾が和音のフ・ク・ツ・チ・キで終わるのが特徴で、「日」（ニチ）はその入声であるが、末尾のフ・ク・ツ・チ・キが、他の文字にかぶさる熟語の場合には、声音が消えてしまうという読み癖、読み方となる（尾崎雄二郎「火の用心」〈『漢字の年輪』〉）。その好例が「日記」の発音である。平安時代、「日記」は、「ニッキ」と発音されず、「ニキ」であった。『宇津保物語』蔵開《くらひらき》中（九七〇頃成立）の現行の版本、写本には、「いまはこれらはただにみん。しふどもにきどもをなん（よ）ませてきくべき（今はこれらはただに見ん。集ども日記どもをなん読ませて聞くべき）」とみえる。ほぼ同時代の『土佐日記』に関しては、貫之自筆本の忠実な模写とも言われる青谿書屋《せいけいしょおく》本には（日本古典文学大系『土佐日記』解説）、「日記」と漢字で書かれているが、今日に至るまで、「トサニキ」との読みが通行している。「ニッキ」の「ツ」は「キ」にかぶさり実際に発音しないことから表記は「ニキ」となり、それにしたがって発音される場合には「ni ki」となるこの現象は「日記」のほか、「ナフゴン（納言）」→「ナゴン」もそうである。「日本」も「ニツホン」の「ツ」が「ホ」にかぶさり、「ニホン」と仮名では表記され、「ニホン」と発音されたといえよう。では、「ニッポン」という呼称がでてきたのは、いつの頃で、その理由はなにか。ここで、『平家物語』に見える「日本」という語を取り挙げてみたい。

巻七「実盛《さねもり》」に「あっぱれ、をのれは日本一の剛の者」という文がある。『平家物語』の諸本は実に多岐にわたるが、諸本は大きく分けて語り物系と読み本系に二分される、前者語り物系では平曲「原平家物語」の平曲家覚一《かくいち》（一三七一没）が、生前に筆写させた覚一本が代表で——その原写本は、いまに伝わっていない——、それを忠実に伝えるのが、高良《こうら》神社所蔵の「高良本」だとされる。他の覚一本の系統の古写本のなかでも、覚一の語りをとりわけ正確に伝えようとしたのであろうか、振り仮名が多いのを特徴とする（日本古典文学大系『平家物語』解説）。

さて、右の「日本一」であるが、この文は語り物系に見られ、高良本は「につほん」と振り仮名をつけ、他の語り物系の諸本もそれにならう（高野本、京都府立図書館葉子十行本も「ニツホン」、「につほん」との振り仮名をもつ）。
一方、読み本系（延慶本、長門本など）には、この部分はないが、長門本（伊藤家本、国会図書館本）巻一の「忠盛《ただもり》」には、「我こそにほん無双の正道（延慶本は「吾コソ日本無双ノ唱導ヨ」）とみえ、また「ひんしゃはかりは、にほんいちにて候」（延慶本は「貧窮ノ事ハ日本一ニテ」）と、「にほん」「にほんいち」と仮名書きされている。長門本祖本は室町末に成立して、伊藤家本はそれを忠実に伝える江戸初期の写本との説が有力だが、読み本系では「ニホン」と黙読されていたと考えられよう。つまり読み本と語り本では、「日本」の読みは違っていたといえる。

語りとしての『平家物語』の延長線上にあるのが、観阿弥《かんあみ》（一三三三―一三八四）、世阿弥《ぜあみ》（一三六三―一四四三）に代表される謡（謡曲）である。

世阿弥能「実盛《さねもり》」に「あつぱれ　おのれは日本一の　剛の者と組んでうずよとて」との箇所に、十六世紀室町期の古写本は「にッぽんいち」「にッぽんニち」（日本古典文学大系『謡曲集』）と振り仮名を付け、観世長俊《ながとし》（一四八八―一五四一）作の「正尊《しょおぞん》」にみえる「日本国の大小神祇冥道、請じ驚かし……」は、「にッぽんゴく」「にっぽんこく」と発音する。

かかる「にっぽん」という発音は、語り本『平家物語』、『謡曲』に見られ、それは聴覚に訴える音声言語と言ってよかろう。音声による言葉に強弱、抑揚、節をつけることで、言葉のもつ意味を聴く者に印象づける効果がそこに出てくるのである。

はじめ「ニホン」と仮名で表記され、表記に従って発音された「ニホン」が、語り物、謡などの音声言語による作品の中で、聴覚に強く作用することを意図して、「ニッホン」「ニッポン」との発音が生まれた。そこに平安時代中期ごろに出現する音便が与って力あったとみてよいかもしれない。以後、「ニホン」「ニッポン」は、併存して使用されていく。例えば、イエズス会により一六〇三年から一六〇四年にかけて発行された『日葡辞書《にっぽじしょ》』には、「Nifon ニホン、Nippon ニッポン」の両者が挙がり、降って明治期に刊行された高橋龍雄『国定読本　発音辞典』には、「にっぽん」「にほん」が共に取り挙げられており、「にっぽん」の発音に従う語として「日本銀行」「日本軍」「日本帝国」「日本刀」「日本丸」、「にほん」については、「日本紙」「日本中」「日本商会」「日本赤十字」としている。

そこから次のように考えてみたい。「日本」および「日本」の二字をふくむ語彙に荘厳、重厚、雄大などの効果を期待する時には、「ニッポン」と発音される場合が多い、と。先に述べた昭和九年（一九三四）、文部省臨時国語調査会が呼称統一案として「ニッポン」にするという決議も、戦前の雄国日本の気運の表れであろう。かく、聴覚にうったえる「ニッポン」との呼称、それは語り物、謡といった聴衆を意識した音声言語による文学、芸能に水脈を求めることができるのではないだろうか。

もっとも、「ニッポン」「ニホン」の発音が聞き手にどのような効果を期待するのかで区別され呼称されていることは、今日でも変わりない。

――問われて名乗るも　おこがましいが……六十余州に　隠れのねぇ　賊徒の首領　日本《にっぽん》駄右衛門

――富士は　にっぽんいちの山

――日本《にほん》のどこかに　私を待ってる人がいる

参考文献

（一つの参考文献が複数の章にもかかわる場合があるが、初出のみ挙げることにしている）

第Ⅰ章

市大樹「黎明期の日本古代木簡」（国立歴史民俗博物館研究報告『古代における文字文化形成過程の総合的研究』）二〇一五

稲葉君山「漢委奴国王印考」（『考古学雑誌』一－一二）一九一一

内田吟風『北アジア史研究』匈奴編、一九七五、同朋舎

榎一雄「梁職貢図について」（『榎一雄著作集』第七巻）一九九四、汲古書院

同「梁職貢図についての補記」（同右）

大谷光男編『金印研究論文集成』一九九四、新人物往来社

大庭脩『親魏倭王』一九七一、学生社

大森志郎『魏志倭人伝の研究』一九五五、宝文館

岡崎敬「「漢委奴国王」金印の測定」（大谷光男『金印研究論文集成』）一九九四、新人物往来社

小川環樹「『注釈千字文』解説」（『小川環樹著作集』第一巻）一九九七、筑摩書房

小尾孟夫『六朝都督制研究』二〇〇一、渓水社

岸俊男『日本古代文物の研究』一九八八、塙書房

栗原朋信『秦漢史の研究』一九六〇、吉川弘文館
栗原朋信『上代日本対外関係の研究』一九七八、吉川弘文館
国立歴史民俗博物館『古代日本　文字のある風景』二〇〇二、朝日新聞社
清水茂『中国目録学』一九九一、筑摩書房
白川静『字統』一九八四、平凡社
鈴木靖民『倭国史の展開と東アジア』二〇一二、岩波書店
鈴木靖民・金子修一編『梁職貢図と東部ユーラシア世界』二〇一四、勉誠出版
関尾史郎「クシャン朝と倭」（『周縁の三国志　非漢族にとっての三国時代』）二〇二三、東方書店
西嶋定生『中国古代国家と東アジア世界』一九八三、東京大学出版会
西嶋定生『倭国の出現　東アジア世界のなかの日本』一九九九、東京大学出版会
仁藤敦史「卑弥呼は倭国、それとも邪馬台国の女王だったのか」（『古代史研究の最前線 邪馬台国』）二〇一五、洋泉社
日本古典文学大系『日本書紀』上・下：解説・補注・校異、一九六七、岩波書店
藤井律之『魏晋南朝の遷官制度』二〇一三、京都大学学術出版会
宮崎市定『九品官人法の研究』一九五六、東洋史研究会
宮崎市定『謎の七支刀』一九八三、中公新書
村山正雄『石上神宮七支刀銘文図録』一九九六、吉川弘文館
『文字と古代日本　文字による交流』二、二〇〇五、吉川弘文館
吉川幸次郎「森と海」（『吉川幸次郎全集』第一九巻）一九六九、筑摩書房

吉本道雅「山海経研究序説」(『京都大学文学部研究紀要』四六)二〇〇七
渡邉英幸『古代〈中華〉観念の形成』二〇一〇、岩波書店

第Ⅱ章

麻木脩平「野中寺弥勒菩薩の制作時期と台座銘文」(『仏教芸術』二五六)二〇〇一
麻木脩平「再び野中寺弥勒像台座銘文を論ず――東野治之氏の反論に応える」(『仏教芸術』二六四)二〇〇二
李成市「高句麗と日隋外交――いわゆる国書問題に関する一試論」(『古代東アジアの民族と国家』)一九九八、岩波書店
市大樹「「白村江の戦い」再考」(秋田茂・桃木至朗編『グローバルヒストリーと戦争』)二〇一六、大阪大学出版会
市大樹『飛鳥藤原木簡の研究』二〇一〇、塙書房
井上光貞「日本律令の成立とその注釈書」(日本思想体系『律令』)一九七六、岩波書店
岩崎小弥太『日本の国号』一九七〇、吉川弘文館
大橋一章『天寿国繍帳の研究』一九九五、吉川弘文館
小川昭一「唐代の日本という呼称について」(『中哲文学会報』第一号)一九七四
葛継勇「禰軍墓誌の発見と研究課題」(『日本歴史』八〇四)二〇一五
金子修一『隋唐の国際秩序と東アジア』二〇〇一、名著刊行会
岸俊男「光明立后の史的意義」(『日本古代政治史研究』)一九六六、塙書房
気賀沢保規編『遣隋使がみた風景』二〇一二、八木書店
河内春人『日本古代君主号の研究――倭国王・天子・天皇』二〇一五、八木書店

古代東アジア史ゼミナール「禰軍墓誌訳注」（『史滴』三四）二〇一二
小林敏男『日本国号の歴史』二〇一〇、吉川弘文館
田中健夫編『善隣国宝記　新訂続善隣国宝記』一九九五、集英社
塚本善隆「隋仏教史序説」（『塚本善隆著作集』巻三）一九七五、大東出版社
同「隋文帝の宗教復興　特に大乗仏教振興――長安を中心にして」（同右）
東野治之『正倉院文書と木簡の研究』一九七七、塙書房
東野治之『長屋王木簡の研究』一九九六、塙書房
東野治之『遣唐使船　東アジアのなかで』一九九九、朝日選書
東野治之「野中寺弥勒像銘文再論――麻木脩平氏の批判に接して」（『仏教芸術』二五八）二〇〇三
東野治之『日本古代金石文の研究』二〇〇四、岩波書店
東野治之『史料学探訪』二〇一五、岩波書店
奈良国立文化財研究所飛鳥資料館編『飛鳥・白鳳の在銘金銅仏』一九七九、同朋舎
奈良国立文化財研究所飛鳥資料館編『日本古代の墓誌』一九七九、同朋舎
西本昌弘「禰軍墓誌の「日本」と「風谷」」（『日本歴史』七七九）二〇一三
福山敏男『中国建築と金石文の研究』（『福山敏男著作集』六）一九八三、中央公論美術出版
森公章「天皇号の成立をめぐって」（『古代日本の対外認識と通交』）一九九八、吉川弘文館
藤岡穣「野中寺弥勒菩薩像について――蛍光X線分析調査を踏まえて」（『東アジア仏像史論』）二〇二一、中央公論
美術出版
宮崎市定「天皇なる称号の由来について」（『古代大和朝廷』）一九八八、筑摩叢書

宮崎市定「真如親王二題」(『古代大和朝廷』)一九八八、筑摩叢書
安田二郎「王僧虔「誡子書」攷」(『六朝政治史の研究』)二〇〇三、京都大学学術出版会
藪田嘉一郎「丙寅年高屋大夫造像記考釈」(『美術研究』一四八)一九四八
山崎宏「隋の高句麗遠征と仏教」(『隋唐仏教史の研究』)一九六七、法蔵館
吉田孝『日本の誕生』一九九七、岩波新書

第Ⅲ章

小川環樹「唐詩概説　第六章　唐詩の形式」(『小川環樹著作集』第二巻)一九九七、筑摩書房
金文京『漢文と東アジア』二〇一〇、岩波新書
釘貫亨『日本語の発音はどう変わってきたのか』二〇二三、中公新書
栗林宣夫「日本国王良懐の遣使について」(『文教大学教育学部紀要』一三)一九七九
小塩慶「国風文化期における中国文化受容――異国描写を手掛かりとして」(『史林』一〇〇-六)二〇一七
小林芳規「日本の訓点・訓読の源と古代韓国語の関係」(藤本幸夫編『日韓漢文訓読研究』)二〇一四、勉誠出版
佐竹昭広「古代日本語における色名の性格」(『万葉集抜書』一九八〇、岩波書店)
田中健夫『倭寇　海の歴史』二〇一二、講談社学術文庫
檀上寛『陸海の交錯　明朝の興亡』二〇二〇、岩波新書
檀上寛『天下と天朝の中国史』二〇一六、岩波新書
檀上寛『明代海禁=朝貢システムと華夷秩序』二〇一三、京都大学学術出版会
津田潔「『懐風藻』の平仄について」(『国学院雑誌』八二巻一号)一九八一

麻原美子他編『平家物語　長門本延慶本対照本文』二〇一一、勉誠出版
村井章介『増補版　中世日本の内と外』二〇一三、筑摩書房
渡辺晃宏『平城京と木簡の世紀』二〇〇九、講談社学術文庫

結びにかえて

麻原美子・名波弘彰編『長門本　平家物語の総合研究』（第一巻）一九九八、勉誠出版
石田拓也編『伊藤家蔵　長門本　平家物語』一九七八、汲古書院
尾崎雄二郎「火の用心」（『漢字の年輪』）一九八九、角川書店
新日本古典文学大系『平家物語』上・下、一九九一、岩波書店
日本古典文学大系『土佐日記・かげろう日記・和泉式部日記・更級日記』一九五七、岩波書店
日本古典文学大系『平家物語』上・下、一九五九、岩波書店
日本古典文学大系『謡曲集』上・下、一九六〇、岩波書店
高橋龍雄編『発音辞典　国定国語読本』一九〇四、同文館
高橋貞一『平家物語諸本の研究』一九四三、冨山房
高橋貞一『続平家物語諸本の研究』一九七八、思文閣出版
山田孝雄『平家物語考』一九六八、勉誠出版

図版出典

図 3　(左) 福岡市博物館所蔵　画像提供：福岡市博物館／ DNPartcom
(右) 図録『特別展 発掘された古代の在銘遺宝』奈良国立博物館 1989

図 4　(左) 南京博物院蔵、(右) 中国歴史博物館蔵（図録『特別展 発掘された古代の在銘遺宝』奈良国立博物館 1989）

図 6　著者による作成

図 13『中国絵画全集』3、五代宋遼金　文物出版社

図 14　葛継勇「禰軍墓誌の発見と研究課題」『日本歴史』804、2015

冨谷　至（とみや　いたる）

1952年大阪府生まれ。京都大学文学部史学科東洋史学専攻卒業。文学博士。京都大学名誉教授。龍谷大学客員教授。スウェーデン王立アカデミー会員。専門は中国法制史、簡牘学。著書に『漢唐法制史研究』（創文社 2016）、『中華帝国のジレンマ』（筑摩選書 2016）、『四字熟語の中国史』（岩波新書 2012）、『中国義士伝』（中公新書 2011）、『文書行政の漢帝国』（名古屋大学出版会 2010）、『木簡・竹簡の語る中国古代』（岩波書店 2003）、『韓非子』（中公新書 2003）など多数。

日本国号と天皇号の誕生と展開
――再論『漢倭奴国王から日本国天皇へ』

二〇二四年十一月三十日　初版発行

著　者　冨　谷　　至
発行者　片　岡　　敦
印刷　製本　モリモト印刷株式会社

発行所　606-8204　京都市左京区田中下柳町八番地
株式会社　臨　川　書　店
電話（〇七五）七二一―七一一一
郵便振替　〇一〇七〇―二―八〇〇

ISBN978-4-653-04584-7 C0021